医療保険「一部負担」の根拠を追う

厚生労働白書では何が語られたのか

芝田 英昭
Shibata Hideaki

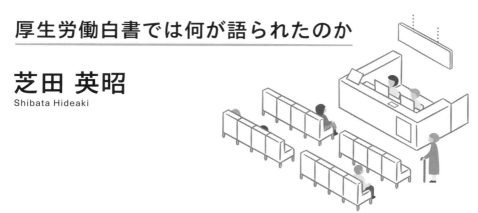

自治体研究社

目　次

プロローグ──健康は自己責任か……………………………………………………5

第1章　医療保険「一部負担」の意味とは………………………………9
　1．医療保険における一部負担の制度的根拠………………………………10
　2．社会保障審議会等の歴史的文書に見る医療保険における
　　　一部負担の考え方……………………………………………………………13

第2章　『厚生労働白書』（『厚生白書』）に見る
　　　　医療保険「一部負担」記述の変遷………………………………17
　　はじめに……………………………………………………………………………18
　1．1950年代厚生白書………………………………………………………18
　2．1960年代厚生白書………………………………………………………23
　　　1）国民皆保険体制の実現
　　　2）給付率引き上げに朝日訴訟が影響
　3．1970年代厚生白書………………………………………………………34
　4．1980年代厚生白書………………………………………………………47
　　　1）社会保障・医療保障の視点
　　　2）老人医療無償化の廃止と全国民の8割給付へ統一の意思表示
　5．1990年代厚生白書………………………………………………………63
　　　1）自立と参加、介護保険提起へ
　　　2）一部負担の当然視と利用者と非利用者間の負担公平論
　6．2000年代厚生労働白書…………………………………………………82
　　　1）高齢化社会の進展と社会保障における「目的」の欠落
　　　2）「一部負担」から「患者負担」、「自己負担」に変化
　7．2010年代厚生労働白書…………………………………………………99
　　　1）全世代型社会保障への転換期
　　　2）受診自己抑制につながる一部負担
　　おわりに……………………………………………………………………………115

第3章　医療保険一部負担に関する先行研究·············121
1．厚生労働白書は医療保険「一部負担」の根拠を示せたか·······122
2．モラルハザード、濫用防止は心理的圧力················122
3．医療サービスは「私的財」なのか····················127

第4章　一部負担の受診抑制と世界のトレンド·············135
1．一部負担と受診抑制··························136
2．一部負担増による受診抑制の研究事例················138
3．一部負担無料化の意義························141

第5章　医療保険の保険料・一部負担の未来展望············145
1．社会保険に一部負担は必要か····················146
2．国保保険料の応益割と保険料上限の廃止···············148
3．健康保険における標準報酬月額の上限を撤廃すべき··········151
4．健康保険から排除される被用者と無保険問題·············153

第6章　人権としての社会保障と能力の共同性·············157
はじめに······························158
1．社会保障を考える基本的視点としての尊厳と人権···········159
　1）人権の基底にある「人間の尊厳」を考える
　2）尊厳とは何か
　3）思考能力と優生学
2．人間の尊厳の要素としての人格···················164
　1）死者との語らいと人間の尊厳との関係性
　2）臓器、胚（受精卵）の尊厳と生命倫理
3．日本国憲法に見る社会保障と人権··················169
4．能力の共同性から社会保険料応能負担の根拠を考える·········172

エピローグ·······························177

プロローグ――健康は自己責任か

　日本の政治家が、さも得意げに「健康自己責任論」を吹聴することが、しばしばある。麻生太郎副総理兼財務相は、2018年10月23日の閣議後の記者会見で、不摂生が理由で病気になった人の医療費を、健康のために努力している人が負担するのは「あほらしい」と指摘した知人の言葉を紹介し、「いいことを言う」と同調した[1]。生活習慣の乱れにより自ら病気を招いた人の医療費を負担するのは、不公平との認識を示した。

　麻生は、過去にも同様の発言をしている。第二次安倍政権で副総理兼財務相に就くと、2013年4月24日の都内会合で、「食いたいだけ食って、飲みたいだけ飲んで糖尿になって病院に入るやつの医療費は俺たちが払っているんだから、公平じゃない」、「こいつが将来病気になったら医療費を払うのかと、無性に腹が立つときがある」[2]、と健康自己責任論を強弁した。

　しかし、このような健康自己責任論は、一部の者だけの特異な持論なのであろうか。刀川・内藤の調査研究[3]によると、健康の維持・増進は個人責任だと考える者は、有効回答の約6割に上っていると指摘されている。ただし、同調査は、生活習慣病に限定された研究であり、疾病一般を対象としていないことから、生活習慣病のように個人の生活上の習慣と密接に関わり発病すると考えられ、その割合が幾分高く現れたとも言える。

　また、三澤が、2009年に仙台市で実施した「健康と暮らしに関する意識調査」[4]は、健康一般に関してその維持・増進に対する責任を問う研究であるが、有効回答の約4割が「健康増進・維持は個人の責任」

としており、国民の健康自己責任論は、根強いものがあるとも考えられる。

しかし、社会構造要因が健康状態に与える影響に焦点を当てた社会疫学では、健康自己責任とは異なる立場をとっている。社会疫学は、世界的医学研究雑誌 Social Science & Medicine が、それまで掲載領域を、医療社会学、健康心理学、医療人類学、医学地理学、医療経済学の５領域に限定していたが、2000年に「社会疫学」を独立した掲載領域としたことで、学問の一分野として世界的に承認されたとも言われている。

社会疫学の権威とされるハーバード大学公衆衛生大学院教授カワチ・イチロウ（Kawachi Ichiro）は、「社会経済的な健康格差は、出生時（新生児期の健康状態や乳幼児死亡率）から、就労期（循環器疾患や事故）、高齢期（機能障害）に至るまで、人々の生涯ほぼすべてにわたって認められる。社会経済的状況（socioeconomic status: SES）が低いことは、早期死亡の主要な原因と関連している」[5]と指摘している。また、「SESが高い人々は様々な資源を多く所有している。これらの、例えば、お金、知識、名誉、権力、社会的なつながりなどといった資源は健康に保護的に働く」[6]と、個人の健康リスク要因よりも社会背景がリスク要因に与える影響を指摘している。

また、カワチは、「経済的な事情などで健康行動をとることが難しいような人に対して健康情報をいくら提供しても、行動変容にはつながらない。さらに、個人レベルのリスクに着目するアプローチは、個人の努力で変容することができない行動までも『自己責任』としてしまう可能性がある。例えば、タバコが原因の疾病や死亡は、個人の習慣の責任とされがちであり、大規模な宣伝と政府からの助成を受けながら莫大な利益を生み出している殺人産業のせいだとは認識されていない」[7]と指摘している。

政治家や、善意の国民の少なくない人々が、まさにSESを無視した

健康自己責任とのパラドックスに陥っていることは、極めて残念である。

　健康において自己責任論を問えば、当然、医療保険における財政を誰が担うのかも、問題となる。健康自己責任が当然との風潮の下では、医療保険財政の多くを国民自身が負担しなければならないし、ましてや保険給付に伴う一部負担は、当然とみなされる。

　本書においては、医療保険の一部負担金における先行研究、法的根拠、「厚生労働白書（一部「厚生白書」）」に見る変遷、及びそのあり方について私論を展開したものである。

2019年5月1日　芝田英昭

〈注〉
（1）「時事メディカル」2018年10月23日付。
（2）「日経新聞」2013年4月25日付。
（3）刀川眞・内藤孝一（2003）「医療消費者の自己責任意識と、主体的健康管理支援に向けた社会情報システムの課題」『情報システムと社会環境』2003-IS-84(6)、pp39-46。
（4）三澤仁平（2016）「健康を維持し、増進する責任はだれにあるのか―社会経済的地位との関連から―」『立教社会福祉研究』34号、立教大学社会福祉研究所、pp9-17。
（5）カワチ・イチロー他著、高尾総司他訳（2017）『社会疫学（上）』大修館書店、p25。原著：Berkman, L.F. & Kawachi, I. (eds.). (2014). Social Epidemiology. 2nd ed. New York: Oxford University Press, Inc.
（6）カワチ・イチロー他著、高尾総司他訳（2017）p28。
（7）カワチ・イチロー他著、高尾総司他訳（2017）pp28・29。

第 1 章

医療保険「一部負担」の意味とは

1．医療保険における一部負担の制度的根拠

　そもそも、医療保険における「一部負担」とは何を指すのか。
　例えば、埼玉県のホームページから「国民健康保険について」の項目の「療養の給付」[(1)]を見ると、「被保険者の**自己負担割合**」の表が示されている。さらに、埼玉県新座市役所のホームページ「国民健康保険の給付」[(2)]の項を閲覧すると、受けられる給付として「**自己負担割合の区分により被保険者が医療費の一部を負担し、残りを国保が負担します**」（太字は筆者。以下同じ）と記載されている。
　これらの記載は、「一部負担」ではなく、あえて「自己負担」としている。通常、市井での使用では、2つの言葉には意味の違いはほとんど存在しないが、学術的・政策的には、明確な違いが存在する。
　佐口卓は、「一部負担というのは現物給付のばあいに、それに要した費用の一部を患者に負担させるといういみであるが、被用者の家族や国保のばあいのように、初めから給付率が10割でないときの負担は、自己負担といって一部負担とは区別されている」[(3)]と説明している。
　つまり、「自己負担」と表現される場合は、その制度に当初より組み込まれた負担金であり、その根底には、**自己責任と受益者負担との意味が存在する**。また、「一部負担」と表現される場合は、現物給付としてのサービス給付に伴い、その費用の一部を負担させることがあるが、制度政策上の変動要素があり、固定されるものではない。
　つまり、埼玉県や新座市の「自己負担」との文言は、医療における療養の給付には、当然のごとく負担が伴う、との意思表示とも理解できる。しかし、国民健康保険法や健康保険法においても、国民が療養の給付を受ける際に一部負担する部分を「自己負担」と表現しているのであろうか。

第 1 章　医療保険「一部負担」の意味とは

　1938 年、初めて一般国民を対象とした国民健康保険法（旧法）が制定された。同法第 20 条で、「組合は療養給付に要する**費用の一部**を其の給付を受くる者（給付を受くる者、組合員に非ざる場合に於いては其の属する世帯の組合員）より徴収することを得」とされ、わが国初の医療保険においても、当初より「費用の一部」を徴収することを前提に制度設計されていた。しかし、同法では、一部負担の徴収は、医療機関の窓口ではなく保険者（国民健康組合や市町村）が行っていたため、極めて煩雑でトラブルが多発していた。

　1951 年の国民健康保険第 5 次改正法（昭和 26 年法律第 90 号）第 8 条の 9 で、「保険者は療養の給付に要する費用の一部（以下、**一部負担金**と称す）を其の給付を受くる者（給付を受くる者、世帯主たる被保険者に非ざる場合に於いては其の属する世帯の世帯主たる被保険者）より徴収し又は其の者をして療養担当者に支払はしめることを得」として、保険者が徴収するか、あるいは医療機関窓口で支払うとする二本立てを提起した。

　1958 年には、国民健康保険法（昭和 33 年法律第 192 号）が改正されたが、同法第 42 条は、「第三十六条第三項の規定により保険医療機関等について療養の給付を受ける者は、その給付を受ける際、次の各号の区分に従い、当該給付につき第四十五条第二項又は第三項の規定により算定した額に当該各号に掲げる割合を乗じて得た額を、**一部負担金**として、当該保険医療機関等に支払わなければならない」とし、医療機関において一部負担を支払うこととしたことで、二本立方式は廃止された。このように国民健康保険においては、制度創設時から一貫して「自己負担」との文言は使用されていない。

　また、被用者を対象とする医療保険である健康保険法においても、一部負担金との表現である。健康保険法は 1922 年（大正 11 年）に制定された。現行同法第 74 条は、「第六十三条第三項の規定により保険医療機関又は保険薬局から療養の給付を受ける者は、その給付を受ける

際、次の各号に掲げる場合の区分に応じ、当該給付につき第七十六条第二項又は第三項の規定により算定した額に当該各号に定める割合を乗じて得た額を、**一部負担金**として、当該保険医療機関又は保険薬局に支払わなければならない」としている。

　健康保険法における一部負担金徴収に関しては、何度かの変更を経ている。1957年の改正で、一部負担金の支払いは、「医療保険機関へ支払うべし」とし、国民健康保険改正より前に、医療機関窓口での支払いが法定された。1980年の改正では、医療機関等の一部負担受領義務を法定し、一部負担金の支払いがない場合は、その未払い分を保険者が徴収すべき、と規定した。さらに、1984年の改正では、保険薬局においても一部負担金の支払義務が生じたことから、未払い分の保険者徴収が保険薬局の請求に基づいて適用される旨明記された。

　以上見てきたように、医療保険の根幹をなす2つの法律においては、療養の給付に伴い窓口で支払う費用を、一貫して自己負担ではなく「一部負担」との文言を使用している。しかし、「一部負担」と表記されているから、それは自己責任や受益者負担を意味しないと言えるのかは疑問である。法律上に、一部負担を組み込んでいることは、取りも直さず、政府が、現物給付としての療養の給付には「一部負担」が伴い、それは所与のものであるとの位置付けを行っていると理解すべきである。

　筆者は、学術的には「一部負担」は、所与のものとして理解されるわけではないが、「プロローグ」でも触れたが、日本では健康自己責任論が、普通にまかり通る社会であるがゆえに、「一部負担」と明記しながらその意味においては「自己負担」と同義で使用されていると思わざるを得ない。

2．社会保障審議会等の歴史的文書に見る医療保険における一部負担の考え方

　日本における社会保障の基礎的概念を確立したと位置づけられる社会保障制度審議会の「社会保障制度に関する勧告」（1950 年 10 月 16 日）⁽⁴⁾では、医療保険における一部負担に関して以下のように記述されている。

　健康保険被保険者本人の予防給付および療養の給付においては、「一定の範囲において予防給付を行う。予防給付は原則として現物給付として**費用の一部を負担せしめる**」、「療養に当っては**軽少の一部負担を本人に課することができる**」としており、予防給付に関しては、一部負担を義務としているが、療養の給付では、「できる」との表現から、一部負担を所与のものとしては位置付けていない。

　しかし、健康保険扶養家族の予防給付および療養の給付では、「扶養家族については、被保険者に対する諸給付のなかから傷病手当金と出産手当金とを除いたすべての給付を支給するが、哺育手当金の外はそれぞれの給付の 10 分の 7 に当るものを支給する」としていることから、3 割一部負担を前提にしている。

　また、被用者保険から外れる自営業等の国民健康保険においては、「（予防給付）現物給付を原則とし、その費用の **10 分の 3 は被保険者が負担する**」、「（療養給付）現物給付を原則とし、その**費用の 10 分の 3 は被保険者が負担する**」としており、被保険者の負担を所与のものとして認めている。

　したがって、現物給付としての療養の給付において 1950 年勧告は、被用者本人に関しては「一部負担の可能性を示唆」しているだけだが、被用者の扶養家族、国民健康保険においては、3 割の自己負担を前提

に制度設計を図ることを提示した。

　では、軽少の一部負担や、3割の自己負担の根拠は、1950年勧告では示されているのであろうか。

　「国家が国民の生活を保障する方法ももとより多岐であるけれども、それがために**国民の自主的責任の観念を害することがあってはならない。**その意味においては、社会保障の中心をなすものは**自らをしてそれに必要な経費を醸出**せしめるところの社会保険制度でなければならない」と、社会保障の中心をなす仕組みとして「社会保険」を位置付けている。しかし、「国民の自主的責任の観念」との文言からも理解できるように、社会保険が自己責任を前提にした仕組みとし、国民の負担（自らをしてそれに必要な経費を醸出）を当然とみなしている。ただ、これは、日本の社会保障の中心をなす仕組みとして社会保険を組み込むことを宣言したにすぎず、一部負担・自己負担の割合がなぜ「3割」なのかの根拠を示したものではない。

　日本の皆年金・皆保険体制の構築に大きく寄与した1962年勧告「社会保障制度の総合調整に関する基本方策についての答申および社会保障制度の推進に関する勧告」(1962年8月22日)[5]では、医療保険における一部負担に関して以下のように述べている。

　「医療保険の被保険者や被扶養者が医療を受けやすいようにするためには、**医療費の自己負担を軽減**することがのぞましい。そのための給付率はそれぞれの**制度ごとに被保険者、被扶養者を通じて9割程度**にまで、さしあたって**最低7割程度**までに引き上げる。自己負担の軽重を勘案して、たとえば入院のように多額の経費を要する場合には10割、軽微な疾病については5割というのも一つの方法である」。

　1950年勧告においては、「一部負担」との表現であったが、一転1962年勧告では、「自己負担」の文言で統一されている。つまり、1962年勧告は、患者の自己負担を前提として制度設計を示したと理解すべきである。ここでも、「9割程度」給付、「当面は最低7割程度」として、

自己負担 1 割ないしは 3 割を提案しているが、その割合の根拠は示されていない。

社会保障の公的責任を大きく掘り崩した 1995 年勧告「社会保障体制の再構築（勧告）～安心して暮らせる 21 世紀の社会をめざして～」（1995 年 7 月 4 日）[6]は、医療保険における一部負担・自己負担には具体的には触れてはいない。ただし、国民に対して社会連帯と自己責任を強調している。「社会保障制度は、**みんなのためにみんなでつくり、みんなで支えていくものとして、21 世紀の社会連帯のあかしとしなければならない**。これこそ今日における、そして 21 世紀における社会保障の基本理念である」、「**国民は自らの努力によって自らの生活を維持する責任を負うという原則が民主社会の基底にある**ことはいうまでもない」。

戦後日本が福祉国家（正式には「日本型福祉社会」）を目指そうとした時期があるが、それを謳った文書が閣議決定された「経済社会基本計画～活力ある福祉社会のために～」（1973 年 2 月 13 日）[7]であり、1973 年は福祉元年とも呼ばれた。

同計画では、「わが国の経済社会につちかわれた潜在的な成長力と活力が、このような国民福祉の充実と国際協調の推進をめざした活力ある福祉社会の形成のために発揮されることを期待する」、「活力ある福祉社会建設のための整合性のある政策大綱を示し、国民福祉の充実と国際協調の推進を実現するための路線を明らかにすることである」、「社会保障については、**わが国の実情に見合い西欧諸国の水準も考慮してその充実をはかり**、また、住宅については現在の米国の水準を目標として施策を進める」、「給付と負担の関係を明らかにしつつ、**社会保障に関する長期計画を策定し、その積極的な充実をはかる**」、「**医療費の患者負担については、資源の濫用を招かないようにするため必要な措置を講じつつ給付割合の不均衡の是正**」をするとした。

同計画では、一部負担、自己負担との文言を避け「患者負担」と記載し、その必要性を「**資源の濫用を招かないようにするための必要な措**

置」とした。いわゆるモラルハザードやフリーライダーを避ける意味で、患者として療養の給付に伴って当然に負担すべき、との考えであることが窺える。しかし、同計画においても、患者負担を所与のものとしているが、その割合に関してその根拠は具体的には示されていない。

　戦後の社会保障の画期をなす歴史的文書では、国が医療保険において「一部負担、自己負担、患者負担」を前提として、制度設計を図ることを目指してきたことが理解できる。しかし、一部負担等の必要性に関しては、**自己責任論とモラルハザード**を根拠にしているのみで、その必然性との論には説得力に欠ける。また、負担割合も、0割、1割、3割、5割、と振れが見られ、その割合の根拠は全く示されていない。つまり、その時々の政権が、必ずしも明白でない自己責任論を背景に、適宜負担割合を設定してきたのが実情である。

〈注〉
(1) 埼玉県（2019）「国民健康保険について」　https://www.pref.saitama.lg.jp/a0702/kokuho/kyuuhu.html　最終閲覧日 2019 年 2 月 27 日。
(2) 新座市（2019）「国民健康保険の給付」　http://www.city.niiza.lg.jp/site/kokuho-kyuuhu　最終閲覧日 2019 年 2 月 27 日。
(3) 佐口卓（1968）「2 社会保険 A 医療保険」、近藤文治他『社会保障入門』有斐閣、p78。
(4) 社会保障制度審議会（1950）「社会保障制度に関する勧告」1950 年 10 月 16 日。
(5) 社会保障制度審議会（1962）「社会保障制度の総合調整に関する基本方策についての答申および社会保障制度の推進に関する勧告」1962 年 8 月 22 日。
(6) 社会保障制度審議会（1995）「社会保障体制の再構築（勧告）〜安心して暮らせる 21 世紀の社会をめざして〜」1995 年 7 月 4 日。
(7) 内閣（1973）「経済社会基本計画〜活力ある福祉社会のために〜」1973 年 2 月 13 日。

第 2 章

『厚生労働白書』(『厚生白書』)に見る医療保険「一部負担」記述の変遷

はじめに

　発行済みの全ての厚生労働白書（以下、白書）を分析することで、その時々の社会情勢、経済情勢下で、時の政権が社会保障に関してどのような意図を持って制度・政策を計画・実施しようとしてきたのかを知ることができ、極めて有意義である。

　1956年（昭和31年）に、第1号の白書が発行され、最新の2017年度版の白書まで61年間にわたって発行されている（1967年度版、及び1994年度版は発行されていない）。

　本書においては、1950年代以降10年毎の区切りで期間を明確にし、分析した。ただし、この期間の区切りは、必ずしも社会情勢の変化の画期と一致するものではないことをお断りする。

1．1950年代厚生白書

　1950年代は、1950年の朝鮮戦争特需により日本が好景気に湧き、1953年には戦前のGDPを追い抜き高度経済成長に突入し、1956年度版経済白書は、「もはや戦後ではない」と宣言している。その年に厚生白書第1号（1956年度版）が発行されたのである。

　1956年度版白書は、医療制度を「医療を受ける機会を保障しようとする**国と国民による共同の備え**」とし、医療保険（ここでは「疾病保険」と記載されている）は、「社会の集団の構成員がその資力に応じた拠出を行って、疾病という共通の事故に備え、その**危険を共同負担するという社会保険**」であるとしている。この基底をなす考えは、先述の1950年勧告である。

この医療保険の前提として、1956年度版白書は、「自らの健康を保ち、それを増進させるための**いっさいの努力を怠ってはいない**」、「疾病による不時の出費という事故に対しても、**貯蓄その他による何らかの備えを忘れてはいない**」と、健康における自己責任の必要性・義務を前面に打ち出している。しかし、1957年度版白書は、「個人個人としては、自己の健康の保持増進のため、努力を払っているし、疾病にかかった場合の医療費という出費に備えて、貯蓄等の準備手段を講じている」として、国民が健康において自己責任を怠っていない事実を説明しており、前提の説明に明確な違いがあることが窺われる。

　また、1957年度版白書は、医療保障における労働力保全を強調し、「産業にとって必要な**労働力の維持、保全を目的**とする社会保険としての医療保険制度の発足により、疾病に対する備えは**個人の手から漸次社会の手へ移される**」と、個人の努力・責任から社会的責任への転換を見据えた表現をしている。

　1958年度版白書は、「全国民に対する医療保険を適用する**国民健康保険全国普及計画**」、及び1959年度版白書は、「**国民皆保険計画にとりかかった**」のは1957年からであるとして、1950年代中半以降、国民皆保険体制へ向かっていったことを示している。しかし、その根底にある思想は、人権論からというよりは、1957年度版白書が示すように「労働力の維持、保全を目的」と言わざるを得ない。この時期が、高度経済成長期の初期段階であり、多くの労働力を必要とした経済背景を考えると、その全国民を対象とした医療保険設立の目的が極めて近視眼的であったことは否めない。

　また、一部負担についてであるが、1950年代の白書は、給付率を中心に記述されている。組合健保において療養給付付加給付率に関して「8割給付を行っている組合が最も多く、6割ないし8割の給付が約50％を占めている」（1956年度版）、「一部の保険者は、五割を超える給付

を行っており、中には全額の給付を行っているものもある」（1957年度版）、「国民健康保険の給付率がおおむね5割である」（1958年度版）、「給付割合についても5割以上とし、国民健康保険財政の強化と相まって、漸進的に向上を期することとした」（1959年度版）とし、**5割以上の給付を実現しようとしていたことが窺える。**

しかし、この給付率の根拠は、示されていない。ただ、一部負担を徴収する根拠として、1957年度版白書は「（国民健康保険）療養の給付については、保険者はその費用の一部を**一部負担金として被保険者に負担させることができるようになっている**」と国民健康保険法の規定を基に記述している。

第 2 章　白書に見る一部負担記述の変遷

表 1　1950 年代の厚生白書に見る医療保険と一部負担

	医療保険に関する記述	医療保険の一部負担に関する記述
昭和31（1956）年度版	・国民健康保険法の改正（国庫補助の導入） ・国連加盟 ・自らの健康を保ち、それを増進させるためのいっさいの努力を怠ってはいないし、また疾病による不時の出費という事故に対しても、貯蓄その他による何らかの備えを忘れてはいない ・医療保障制度は、すべての国民に対し、何らかの形において医療を受ける機会を保障しようとする国と国民による共同の備えである ・疾病保険は、社会の集団の構成員がその資力に応じた拠出を行って、疾病という共通の事故に備え、その危険を共同負担するという社会保険である	・（組合健保）家族療養費について5割以上の給付を行う等付加給付を行っているところが多く、その給付水準は政府管掌に比較してかなり高い。家族療養費に関する付加給付の状況をみると、多くの組合は付加給付を実施する診療機関を指定しているが、第98表のとおり8割給付を行っている組合が最も多く、6割ないし8割の給付が約50％を占めている
昭和32（1957）年度版	・百円硬貨発行 ・個人個人としては、自己の健康の保持増進のため、努力を払っているし、疾病にかかった場合の医療費という出費に備えて、貯蓄等の準備手段を講じているわけである。しかしながら、近年における医学医術の進歩に伴う医療内容の高度化は、必然的に医療費の高騰をもたらし、個人の手のみによって疾病に対処することはますます困難なこととなってきた。一方、社会の近代化が進むにつれ、産業にとって必要な労働力の維持、保全を目的とする社会保険としての医療保険制度の発足により、疾病に対する備えは個人の手から漸次社会の手へ移されることとなったが、さらに近年社会保障制度の確立による福祉国家の建設が叫ばれるに至り、医療保険は、すべての国民を対象とする社会保障制度の一環としての医療保障へ	・（国民健康保険）療養の給付については、保険者はその費用の一部を一部負担金として被保険者に負担させることができるようになっている。（中略）給付率は、通例五割で、被用者保険における被扶養者の場合と同じであるが、一部の保険者は、五割を超える給付を行っており、中には全額の給付を行っているものもある ・（健康保険）組合管掌においては、前述の法定給付のほかに、5割を超える家族療養費の支給等付加給付を行っている

	と前進することとなった	
昭和33（1958）年度版	・国民健康保険法改正（皆保険体制への第一歩）	
	・全国民に対する医療保険の適用を目途とする国民健康保険全国普及計画は、（昭和）32年度を初年度として実施に移され、さらに国民健康保険制度の基本法たるべき新国民健康保険法案が、33年3月、国会に提案された。	・国民健康保険の給付率がおおむね5割である
	また、傷病手当金の創設、国庫負担の充実等を内容とする日雇労働者健康保険法の一部改正法が33年4月に成立した。同年6月には、32年初頭以来の懸案事項であつた社会保険診療報酬の改訂の問題が、ついに解決を見ることになったのである	
昭和34（1959）年度版	・国民年金法改正（国民皆年金への第一歩） ・岩戸景気（1958〜1960年）	
	・国民のすべてが、疾病にかかった場合、社会保険によって医療の給付を受けることができるようにするいわゆる医療の国民皆保険計画にとりかかったのは、昭和32年度からであり、以後35年度完成を目標に今日まで2年余の間、各般にわたる具体的な施策が進められてきた。まず、会社、工場などの事業場に雇用される労働者を対象とするいわゆる被用者保険の	・（国民健康保険）保険給付の範囲を被用者保険と同様に改善し、また、給付割合についても5割以上とし、国民健康保険財政の強化と相まって、漸進的に向上を期することとした
	系列についてみると、健康保険法の一部改正（32年）、日雇労働者健康保険法の一部改正（32年、33年）、船員保険法の一部改正（32年）、社会保険診療報酬の全面改正（33年）など、国民皆保険の基礎的条件を整備するための措置がとられたし、さらにいわゆる地域保険としての国民健康保険の系列においては、国民健康保険全国普及計画の樹立（32年）、同普及計画の実施（32年以降）、国庫補助制度の充実（33年）、新国民健康保険法の成立（33年12月）など、被用者保険の適用を受けられない国民層のすべてに対して医療保険を適用するために必要な措置が相次いでとられてきたのである	

出典：厚生労働省 過去の白書 厚生白書（厚生労働白書） https://www.mhlw.go.jp/toukei_hakusho/hakusho/kousei 最終閲覧日2019年3月5日、各年度版『厚生白書（厚生労働白書）』より筆者作成。　注：太字は筆者。

2．1960年代厚生白書

1）国民皆保険体制の実現

　1957年に「国民健康保険全国普及計画（国民皆保険計画）」が実行に移され、当初は完成年度を1960年としていたが（1960年度版白書）、1961年4月1日から国民健康保険が全面的に実施されたことで、国民皆保険体制が実現した（1962年度版白書）。

　1963年度版までの白書では、国民皆保険体制実現の評価に徹している。例えば、1962年度版白書は、「昭和36年4月1日をもつて国民健康保険が全面的に実施され、ここに待望の国民皆保険体制が実現されたのであるが、その後国民健康保険は着実な進展をみせている」、1963年度版白書は、「医療について皆保険が達成された現在においては、すべての国民について、疾病に対する備えができている」と述べている。

　国民健康保険一部負担に関して、1950年代の基調は、「5割以上の給付」（1956年度版白書）を求めており、一部負担を5割未満に移行させようとしている。1960年代に入り、皆保険体制の構築との兼ね合いで、7割給付3割自己負担（1962年度版白書）に舵を切っていった。

　5割給付では不十分との認識、及び根拠は、1960年度版白書が明快に述べている。「国民健康保険はその給付率が5割で、残りの5割は患者負担であるため、その患者負担の重圧のために十分な療養がなされず、病状が悪化して、さらに多額の医療費を要するようになってはじめて、医療扶助が適用されるという場合も想像されよう」、「国民健康保険の被保険者には所得の低い階層が比較的多く含まれているため、一部負担金が重荷となって、必ずしもじゅうぶんに保険を利用できない」、「低所得階層にとっては、保険料は納付してもいざ医療を受けたいと思うときには、5

割の医療費の自己負担が重圧となり、そのため、医療機関の門をたたかないで、買薬などの安直な手段ですましてしまう場合も多い」と、5割給付では、低所得者の医療保障が守れないとし、「必要なときにいつでも医療を受けられるようにするためには、給付率の引上げをはかることにより、患者の一部負担を軽減することが必要であることはいうまでもなく、少なくとも、これを7割程度まで引き上げる必要がある」とし、7割給付、3割一部負担を提起した。しかし、何故、3割負担が妥当なのかとのエビデンスは示されていない。

2）給付率引き上げに朝日訴訟が影響

　また、1960年度版白書の一部負担に関する記述に気になる点が存在する。段落によっては、**一部負担の表現が3通り使用されている**。具体的には、国民健康保険に関し、「患者負担」、「一部負担」、「自己負担」と、記述しており、筆者は白書を執筆した官僚が複数おり、表現が異なることがままあることを承知しているが、無意識に記述した結果として不揃いになったのか、もしくは意図的に複数の表現を使用したのか、今となっては真相は不明である。

　また、国民健康保険の一部負担が重く医療へのアクセスの阻害から、「医療扶助が適用される場合もある」（1960年度版白書）との表現は、人権裁判と言われる「朝日訴訟」が、第一審の東京地方裁判所で1960年10月19日全面勝訴したことに大きな影響を受けたものと思われる。

　しかし、第一審であれ朝日訴訟が勝訴した後に出された白書であるにも関わらず、「一部負担を廃止、ないしはゼロ」との発想には至っておらず、また3割一部負担の科学的根拠も示さず、「一部負担」が存在することが当然との姿勢には、当時の官僚の発想の貧困さに唖然とせざるを得ない。ただし、1963年度白書は、「一部負担割合は最高限度として法律で定められている」[1]との法的根拠を示している。

第 2 章　白書に見る一部負担記述の変遷

　一部負担に関しては、1961 年度版、1962 年度版、1963 年度版白書共に、1960 年度版白書と同様の基調で記述されている。具体的には、「国民健康保険の被保険者には所得の低い階層が比較的多いため、**一部負担金が重荷となって保険を十分利用できない**」、「低所得階層に属する者が多いため、療養の給付を受ける場合の 5 割の**一部負担金が相当大きな負担になる世帯が少なくない**」、「（国民健康保険）明年度においては、さしあたり現状において実現可能な世帯主の一般疾病についての**給付率の引き上げを検討中**」（1961 年度版白書）、「真に国民皆保険の実効をあげるためには、国民健康保険の給付内容をさらに向上させることが必要であり、その意味で、まず、第 1 段階として世帯主の全疾病について 7 割給付を実施することを現在検討中である」（1962 年度版白書）、「（昭和）38 年度においては、国民健康保険の給付改善の一つとして、世帯主に対する 7 割給付を実現する」、「家族の疾病についての一部負担割合も 3 割に引き下げることとし、（昭和）39 年を初年度とする 4 か年計画をもってこれを実施することとしている」（1963 年度版白書）。

　1964 年度版白書からは、国民皆保険体制に関し肯定的評価だけではなく、「課題」も提起し始めた。「充実発展し、いわば成熟期に達した医療保険には、それなりにまた、（昭和）**39 年度頃から、制度としての曲り角に立たされた**ともいうべき大きな課題が生ずるに至った」、「（昭和）38〜39 年頃から医療保険制度が軒並みに、急速に著しい財政悪化の傾向を示し始めたことである。医療保険各制度の給付内容の充実と国民医療水準の向上は、必然的に**国民総医療費の著しい膨脹**」、「医療保険の療養給付費として支払われる費用は、近年急激な増高傾向を示している。この結果、医療保険の財政は、毎年保険料収入が着実に増加しているにもかかわらず、支出がこれを上回るため、**収支の均衡が崩れ、このまま推移すれば遠からず制度の存立すらあやぶまれるほどの危機に追い込まれる**」（1964 年度版白書）、「政府管掌健康保険等の異状な財政状況にせよ、医療費問題にせよ、いろいろの要因が関係している

が、根本的には、医療保険の仕組みが、国民皆保険下における国民医療の発展に対する適応性を欠いているという基本的な問題に根ざしていることは否定できない」(1966年度版白書)、「国民皆保険計画は、適用者の増大といういわば外延的な拡大を急いだあまり、ともすれば医療保険制度自体が内包していた問題点の解決がなされなかったきらいがあったことも否定できない」(1968年度版白書)、と医療保険の財政不均衡、国民医療費の増大に危惧を示している。

具体的には、国民医療費は、1955年(昭和30年) 2,388億円、1965年(昭和40年) 1兆1,224億円で、10年間で4.7倍に膨れ上がったが、この間の国民所得は、1955年6兆9,733億円から、1965年に26兆8,270億円へと、3.8倍であることから、国民医療費の異常な膨張に、当時の厚生省が苛立ちを吐露したと理解できる。

1964年度版白書以降、国民健康保険における療養の給付率を7割に統一する方向を明確にしている。これは、被用者保険の本人が「患者負担の程度が、被用者保険の本人では初診時及び入院時の少額の一部負担金だけでほぼ10割給付といってさしつかえないのに対し、その家族は医療費の半額は本人負担で、いわゆる5割給付であり、**本人家族間に格差がある**。一方、国民健康保険では、世帯主と世帯員の区別を特にしない考えの下に、43年を目標に7割給付の全面的な実現が進められている」(1966年度版白書)とし、被用者保険の被用者本人と家族、または国民健康保険における一部負担格差の縮小を意図したものであった。

1969年度白書は、「(国民健康保険)療養の給付については、給付改善を促進した結果、(昭和)43年1月1日からすべての保険者において世帯主、世帯員ともに7割給付となっている」とし、格差縮小が実ったことを謳っている。

第 2 章　白書に見る一部負担記述の変遷

表 2　1960 年代の厚生白書に見る医療保険と一部負担

	医療保険に関する記述	医療保険の一部負担に関する記述
昭和 35（1960）年度版	●国民所得倍増計画 ●わが国の医療保険は、会社、工場、官公庁などに雇用されている労働者を対象とした健康保険、日雇労働者健康保険、船員保険、国家公務員共済組合などのいわゆる被用者保険と、農民、漁民や自営業者などの一般国民を対象とした国民健康保険との二つの大きな柱で構成されている。そして、国民のすべてがいずれかの医療保険に加入し、病気やけがをした場合に、その保険によって医療を受けることができるようにするため、昭和 32 年度において、「国民皆保険計画」が策定され、35 年度達成を目標として、種々の施策が推進されてきた	●国民健康保険はその給付率が 5 割で、残りの 5 割は患者負担であるため、その患者負担の重圧のために十分な療養がなされず、病状が悪化して、さらに多額の医療費を要するようになってはじめて、医療扶助が適用されるという場合も想像されよう ●国民健康保険の被保険者には所得の低い階層が比較的多く含まれているため、一部負担金が重荷となって、必ずしもじゅうぶんに保険を利用できない ●（国民健康保険）低所得階層にとっては、保険料は納付してもいざ医療を受けたいと思うときには、5 割の医療費の自己負担が重圧となり、そのため、医療機関の門をたたかないで、買薬などの安直な手段ですましてしまう場合も多いといわれている。このような状態を改め、必要なときにいつでも医療を受けられるようにするためには、給付率の引上げをはかることにより、患者の一部負担を軽減することが必要であることはいうまでもなく、少なくとも、これを 7 割程度まで引き上げる必要があると思われる
		●（国民健康保険）その他の疾病についても、給付率が 5 割程度の現状のもとでは、さきに見たように医療の機会均等が保障されているとはいいがたいので、その給付率の引上げをなるべく早急に行なう必要があると思われる
昭和 36 年度版	●国民皆保険・皆年金の実施 ●疾病にかかった場合、国民のすべてがこれらのいずれかの医療保険によって医療の給付を受けることがで	●すべての点において被用者保険の水準に達していない。この原因としては、国民健康保険の被保険者には

昭和36（1961）年度版	きるようにするいわゆる医療の皆保険計画が、昭和32年度を初年度として4か年計画で進められてきた	所得の低い階層が比較的多いため、一部負担金が重荷となって保険をじゅうぶん利用できないこと • 国民健康保険の被保険者には、いわゆる低所得階層に属する者が多いため、療養の給付を受ける場合の5割の一部負担金が相当大きな負担になる世帯が少なくない。特に、世帯の生計中心者が、結核とか精神病のように、長期にわたり、かつ医療費も多額にのぼる疾病にかかった場合は、その家計に与える影響は多大であり、そのために、必要な医療さえ受けられなくなる場合が考えられる
	• （国民健康保険）世帯主の一般疾病についての給付率の引き上げなど種々の方法が考えられるが、世帯主以外の被保険者についての給付率引き上げは、被用者保険家族の給付率との均衡の問題があり、社会保険の総合調整にも関連するので、明年度においては、さしあたり現状において実現可能な世帯主の一般疾病についての給付率の引き上げを検討中である	
昭和37（1962）年度版	• 全国総合開発計画策定 • （国民健康保険）昭和36年4月1日をもって国民健康保険が全面的に実施され、ここに待望の国民皆保険体制が実現されたのであるが、その後国民健康保険は着実な進展をみせている	• 国民健康保険の給付内容は徐々にではあるが着実に改善の方向をたどっているが、なお健康保険などの被用者保険のそれに比べた場合かなりの差があることは否定できない。真に国民皆保険の実効をあげるためには、国民健康保険の給付内容をさらに向上させることが必要であり、その意味で、まず、第1段階として世帯主の全疾病について7割給付を実施することを現在検討中である
昭和38年度版	• 老人福祉法制定 • 被用者以外の人々、すなわち、農民、自営業者等については、地域住民を対象とする国民健康保険制度が（昭和）13年に創設され、戦中、戦後の波乱を経て（昭和）23年には市	• （昭和）38年度においては、国民健康保険の給付改善の一つとして、世帯主に対する7割給付を実現するとともに、医療の給付期間の制限を排して疾病負傷が治ゆするまで給付を

昭和38（1963）年度版	町村を保険者とする地域保険制度として再建整備されてきた。（昭和）31年には全国民がいずれかの医療保険に加入することを目標とする国民皆保険計画が策定され、（昭和）33年に国民皆保険達成のための法制上の裏打ちを図る意味で、国民健康保険法の全面改正が行なわれ、（昭和）36年にいたり国民皆保険が実現した • 医療保険制度は、被用者という特質に着目して適用される被用者医療保険と、被用者以外の地域住民一般に適用される国民健康保険の二つの面から制度が整備されてきたのである。医療について皆保険が達成された現在においては、すべての国民について、疾病に対する備えができている	行なうこととした。同時に、被用者保険においても、医療の給付期間の制限を撤廃したのである。さらに、（昭和）39年度からは、国民健康保険の世帯員についても7割給付を実施することができた • 国民健康保険において療養の給付を受ける場合の一部負担金の割合は、従来は、世帯主の結核性疾病、精神障害及びこれらの疾病に起因する傷病については、その療養に要する費用の額の3割、その他の場合はすべて療養に要する費用の額の5割であつたが、（昭和）38年10月1日から世帯主の全疾病について一部負担割合が3割に引き下げられた。これに引き続いて、家族の疾病についての一部負担割合も3割に引き下げることとし、（昭和）39年を初年度とする4か年計画をもつてこれを実施することとしている。上に述べた一部負担割合は最高限度として法律で定められているもので、各保険者は、保険財政の健全性をそこなわない範囲で、条例又は規約によって、この割合を減ずることができることとされており、一部負担割合を引き下げる保険者が逐次増加する傾向にある
昭和39（1964）年度版	• 母子福祉法制定 • OECD加盟 ----- • わが国の医療保障は、大正11年若干の工場・事業場などを対象とする健康保険法が制定されてから40年を経て、昭和36年に地域保険たる国民健康保険が全市町村に実施されたことにより、国民皆保険の体制が一応完成し、医療保障の網は、全国民をおおうこととなったのである • 制度は、ともに近年その内容を充実し、医学医術の進歩、国民生活水	• （昭和）39年度においても、国民健康保険の家族7割給付計画の推進など、従前に引き続き、医療保険の給付内容の充実がはかられてきたところである。しかしながら、現状においては、なお各制度の間に、あるいは被保険者と家族の間に、給付水準の不均衡があり、医療保険制度の均衡ある発展をはかり、国民のすべてに公平な医療保障を確保するという見地

年度版		
昭和39（1964）年度版	準の向上などに伴う国民医療の水準の向上とあいまって、医療保障の推進のうえに、きわめて大きな役割を果たしているが、こうして充実発展し、いわば成熟期に達した医療保険には、それなりにまた、（昭和）39年度頃から、制度としての曲り角に立たされたともいうべき大きな課題が生ずるに至った ・（昭和）38～39年頃から医療保険制度が軒並みに、急速に著しい財政悪化の傾向を示し始めたことである。医療保険各制度の給付内容の充実と国民医療水準の向上は、必然的に国民総医療費の著しい膨脹となって現われ、**医療保険の療養給付費として支払われる費用は、近年急激な増高傾向を示している。この結果、医療保険の財政は、毎年保険料収入が着実に増加しているにもかかわらず、支出がこれを上回るため、収支の均衡が崩れ、このまま推移すれば遠からず制度の存立すらあやぶまれるほどの危機に追い込まれるであろうと思われる**	から、これらの格差の解消が今後の大きな課題として残されている。そして、給付の充実は、従来個々の制度ごとに行なわれる傾向にあったが、昨今、この医療保険全体の均衡ある発展という角度から見直そうという動きが生じ、給付財源の確保の問題ともからんで、制度の統合あるいは総合調整という考え方がさかんに検討されるようになってきた ・療養の給付の給付率の引上げであって現在、**療養の給付の給付率は、原則として世帯主7割、家族5割として法定されているが、家族についてさらに自己負担を軽減し、医療を受けやすくすべきであるという考えから、（昭和）39年度を初年度とする4か年計画をもって家族に対する給付率を5割から7割に引き上げることを推進している**。すなわち、国においては、家族に対する給付率を5割から7割に引き上げる場合の2割引上げ部分の3/4相当額を補助するものとし、初年度にあたる（昭和）39年度においては、（昭和）40年1月から家族被保険者総数のおおむね1/4に見合う市町村（市町村総数の34％）を対象として特別の補助金を交付した
昭和40（1965）年度版	・厚生年金保険法改正（1万円年金へ） ・米軍のベトナム北爆開始 ・医療保険は、保険加入者の不時の支出となる医療費の相当割合を保障することを本来の目的とし、その財源を保険加入者の拠出する保険料でまかなうことをたてまえとしている。**医療保険におけるこの収支相等の原則は、給付内容とともに医療保険の両輪をなすものといえる**	・（昭和）34年1月1日から新国民健康保険法が施行された。この法改正によって、（昭和）36年4月までの期限つきで、市町村（特別区）に国民健康保険の実施義務が課せられるとともに、**国民健康保険事業の内容の拡充と統一が図られた**。すなわち、療養の給付の範囲を原則として被用者保険と同一のものとし、給付割合を5割以上としたほか、これまでの

昭和40（1965）年度版		国の補助金制度を国が義務として支出する負担金制度に改め、事務費については全額、療養給付費については2割を負担するとともに、財政の調整を図るための調整交付金の制度が設けられた
	• （昭和）36年4月1日からは、国民皆保険が達成され、同年10月から世帯主の結核、精神障害についての療養給付割合が5割から7割に引き上げられ、37年度からは療養給付費に対する国庫負担率が2割から2割5分に引き上げられた。38年には、4月から療養給付期間の制限撤廃、低所得の被保険者に対する保険料（税）の軽減等の施策を講じ、10月からは世帯主の全疾病に対する7割給付が実施された。38年の世帯主7割給付実施に続いて、家族についても39年度を初年度とする4か年計画をもって7割給付実施を推進し、この実施に必要な経費についても特別補助金を交付する措置を講じてきた。家族7割給付は、健康保険その他の被用者保険との給付水準の格差縮小という基本的要請にこたえ、被保険者の自己負担を軽減し医療を受けやすくするため当面の最も重要な課題であり、この着実な達成のために、このたび法律の一部が改正され法制上の措置が講ぜられた	
昭和41（1966）年度版	• 国民健康保険法改正（7割給付決定） • いざなぎ景気（1965〜70年）	
	• 医療保険におけるいわゆる国民皆保険計画は昭和36年度に達成され、現在、全国民は疾病にかかった場合の医療費については、生活保護法や結核予防法などの公費負担による一部の場合を除いて、医療保険によって医療費負担の保障を行なつている。国民皆保険計画は、いうまでもなく、傷病による貧困への転落を防止し、国民生活の安定と向上を図り、ひいては、国民の健康を増進する目的で計画されたものであるが、その主眼が、未適用の国民を、歴史的沿革、社会経済的条件を異にする各種の既存の制度のいずれかに加入させると	• 医療給付については、法律上のたてまえは別として、現実の取り扱いとしては現物給付を原則としている点は共通であるが、医療を受けた場合の患者負担の程度が、被用者保険の本人では初診時及び入院時の少額の一部負担金だけでほぼ10割給付といってさしつかえないのに対し、その家族は医療費の半額は本人負担で、いわゆる5割給付であり、本人家族間に格差がある。一方、国民健康保険では、世帯主と世帯員の区別を特にしない考えの下に、43年を目標に7割給付の全面的な実現が進められている。さらに、健康保険組合や共済

昭和41（1966）年度版	いう点、すなわち医療保険への加入促進という点に置かれた。このため、国民皆保険体制となることによって、給付水準、費用負担、診療報酬、医療の供給体制等の諸点に関し、当然新たに提起されざるを得ない諸問題をあらかじめ予測して十分な検討が加えられていたとは必ずしもいえない。政府管掌健康保険等の異状な財政状況にせよ、医療費問題にせよ、いろいろの要因が関係しているが、根本的には、**医療保険の仕組みが、国民皆保険下における国民医療の発展に対する適応性を欠いている**という基本的な問題に根ざしていることは否定できない	組合では附加給付によって実質的に給付率の引き上げが行なわれている。さらに、傷病手当金等の現金給付については、制度間の格差は顕著である • 給付水準の差が、医療費の動きからみれば、受診態度や医療費に微妙な影響を与えているという考え方もあながち否定できない。患者の立場からいえば、**患者負担の少ない方が望ましいと考えるのは無理のないところであるが、医療費は結局において国民の負担においてまかなわざるを得ない**ため、おのずから限度があること、健康な者とそうでない者との均衡を図る必要があることなどを考慮すれば、医療費のどの部分をどの程度社会化すべきかを真剣に再検討しなければならない
		• 一部負担制度の改正については、現行初診時及び入院時の一部負担金のみを手直しする場合には、それぞれ大幅な引き上げを必要とし、受診の抑制ともなりかねないので、その引上げ幅を妥当な程度におさえることとして、あわせて他の適当な一部負担制度の創設についての検討が行なわれた。その結果、通例だれもが受ける給付であり、かつ、給付を受けることと一部負担金の支払との関係が比較的に納得されやすいという見地から、薬剤の支給に着目して、新たに外来投薬時における本人定額負担の制度を設けることとしているのである
昭和42年	• 朝日訴訟判決 • 発行されず	
昭和43年度版	• 国民健康保険で7割給付実施 • GDP世界3位に • 日本国民のすべてが、必ずいずれかの医療保険に加入するという国民皆保険計画は（昭和）36年度に達成さ	• 医療給付の割合は原則的には7割とし、特別の配慮を要する者についてはこの割合を引き上げることとし、

昭和43（1968）年度版	れ、現在、全国民は疾病にかかった場合の医療費については、生活保護法、結核予防法、精神衛生法などの公費負担による一部の場合を除いて医療保険によって保障されている。しかし、この**国民皆保険計画は、適用者の増大といういわば外延的な拡大を急いだあまり、ともすれば医療保険制度自体が内包していた問題点の解決がなされなかったきらいがあったことも否定できない**	すべての国民が医療を必要とするとき必要な医療を受けることができるように考慮している
昭和44（1969）年度版	●**厚生年金法改正（2万円年金へ）** ●国民健康保険は、市町村営を原則とし、おおむね被用者以外の一般国民を被保険者とする医療保険制度であり、被保険者の疾病、負傷出産及び死亡に関し、必要な保険給付を行なうものである	●（国民健康保険）療養の給付については、給付改善を促進した結果、（昭和）**43年1月1日からすべての保険者において世帯主、世帯員ともに7割給付**となっている。なお、保険者によっては、その財政状況などを勘案しつつ、法定の7割を超えた給付を行なつているところもあり、老人、乳幼児に対する給付割合の引上げを実施しているところもある

出典：表1と同じ。　注：太字は筆者。

3．1970 年代厚生白書

　1960 年代は、国民皆保険体制を構築し、療養の給付率の統一化、医療保険財政の安定化を図ることに注力してきた。それは、1970 年度版白書の記述からも窺える。同年度版白書は、「医療保険制度は**昭和 36 年度に国民皆保険を達成したが、その後、医療給付費の急激な伸び等により、保険財政は赤字基調を示し、各制度間における給付水準の格差、保険料負担の不均衡、診療報酬の適正化等の問題**とあいまって、制度の抜本的検討が要請されるに至った」、「厚生省としても医療保険制度の抜本的対策について検討を続けてきたが、一方、昭和 37 年以後政府管掌健康保険の財政状況は悪化の一途をたどり、制度の崩壊すら予想される事態にたち至った」とし、この財政危機を乗り切るために、「昭和 42 年 8 月、抜本的対策を行なうまでの臨時応急の財政対策として、保険料率の引き上げ、投薬時一部負担の新設等を内容とする『健康保険法および船員保険法の臨時特例に関する法律』（いわゆる「健保特例法」）が昭和 44 年 8 月までの 2 年間の限時法として制定された」と解説している。それまで被用者本人は 10 割給付で療養の給付を受けることができたが、1967 年健保特例法によって、被用者本人にも初めて「一部負担」が導入された。

　1971 年度版、1972 年度版白書は、「すべての国民が何らかの保険制度の対象となる国民皆保険の体制が整っている」（1971 年度版白書、1972 年度版白書）と極めて単調に医療保険を解説している。また、一部負担に関しても、「（国民健康保険）療養の給付については、すべての保険者において世帯主、世帯員ともに 7 割給付となっている」（1971 年度版白書、1972 年度版白書）と、同じ文言を用いている。

　1973 年度版白書は、それまでの白書とは趣を異にする内容となっ

ている。「真にゆとりのある安定した国民生活を目ざす福祉社会の実現は、（中略）国民のすべてが要請するところとなっておりますが、その中核となるのが社会保障の充実であることは、論をまたない」、「**我が国経済社会が目標としている高福祉社会**」、「社会保障においても、その所得再分配機能を一段と強化することによって、国民生活の安定に対して物価の上昇の与える影響を是正し、**国民のゆとりのある安定した国民生活への希望にこたえていかなければならない**」、「**ゆとりのある安定した国民生活を目ざす高福祉社会の実現に当たって、その基盤となる社会保障については、その充実の方向は、国民ひとりひとりの生きがいを高める**という社会の究極の理想と調和したものでなければならない」とし、単なる福祉社会ではなく「高福祉社会」を実現させると宣言している。

　これは、1973年2月13日、首相田中角栄の下で閣議決定された「経済社会基本計画～活力ある福祉社会のために～」が下敷きとなっているが、同計画では、「活力ある福祉社会建設のための整合性のある政策大綱を示し、国民福祉の充実と国際協調の推進を実現するための路線を明らかにすることである」、「社会保障については、わが国の実情に見合い西欧諸国の水準も考慮してその充実」を図るとはしているが、少なくとも「高」福祉社会までは謳っていない。

　1974年度版白書は、1973年度版とは打って変わって、「**人口の老齢化により、老齢者をめぐる問題は今後一層深刻な問題**」になることから、「希望を持てる高齢化社会実現」を目指すとし、「福祉社会建設」の文言は消えた。1973年の第一次オイルショックにより世界経済が減速し、その影響を日本も受けた。日本は、既にオイルショック以前にニクソン・ショックによる円高不況に見舞われており、1973年を画期に高度経済成長は終焉し、低経済成長に向かっていた。

　1970年代中半以降の白書では、国民皆保険体制が完成したことを評価している。1974年度版白書は、「我が国では、被用者保険の間隙を国民健康保険が補う形で、すべての国民が何らかの保険制度の対象と

なる国民皆保険の体制が昭和36年4月より整っている」、1975年度版白書では、「我が国では、すべての国民が何らかの医療保険制度の対象となる国民皆保険の体制が（昭和）36年4月より完成している」、1976年度版〜1979年度版白書では、「我が国では、すべての国民が何らかの医療保険制度の対象となる国民皆保険の体制が（昭和）36年4月より実現している」とし、若干語尾が違う程度で、ほぼ同様の文言となっている。

　一部負担に関しては、1973年1月からの老人医療費支給制度（いわゆる「老人医療無料化」）に触れている。例えば1974年度版白書は、被用者である場合には、その間は被用者保険によって10割の給付が行われるが、高齢で退職した後は、「国民健康保険の加入者又は被用者保険の家族となり従前から国民健康保険の加入者又は被用者保険の家族であった老齢者と同じく、3割から5割の自己負担があり、高い医療ニードがあるにもかかわらず、これら老齢者の負担能力が十分でないため、必ずしも適切な医療が確保されない」ことから、高齢者に関しては、「（昭和）48年1月から老人医療費支給制度」を実施したとしている。

　老人医療費支給制度は、岩手県沢内村（現：西和賀町）が、1960年12月より65歳以上高齢者の医療機関外来10割給付（国民健康保険）を実施したことが始まりで、その後国民的運動の下、東京都やその他の革新自治体を中心に老人医療費の無償化を実施する動きが自治体で活発となり全国に波及した結果、老人福祉法が改正され、70歳以上の高齢者の医療費を実質無料とする老人医療費支給制度が成立したものであった。

　さて、1974年度版白書は、一定程度老人医療無料化を評価しておきながら、「（昭和）47年度は診療1日当たり費用額及び被保険者1人当たり診療費の伸びが顕著となっている。これは、（昭和）47年2月に行われた医療費改定、（昭和）48年1月から実施された老人医療費支給制度及びこれに先行して多くの地方公共団体で独自に実施された老人医療費の無

料化施策等の影響によるものである」とし、老人医療費支給制度が始まって1年しか経ていない時点で、同制度を要因として国民医療費が伸びたと批判している。

　1970年代後半以降の白書では、「受益者負担」、「責任と自覚」等を前面に打ち出し、高齢者も含めて一部負担を求める論調に変わってきた。

　具体的には、「単に老人医療制度のみにとどまらず、福祉サービス、年金等を含めた総合的な老人対策との関連において老人医療制度を適切に位置付け、その合理化を図るとともに、**老人自身の健康に対する責任と自覚を促す見地からの配慮も必要**であろう。例えば、**医療への参加意識を促す意味である程度の一部負担を設けることも一考に値しよう**」(1974年度版白書)と医療への参加意識を促すとの極めて抽象的な概念で、高齢者医療の「一部負担」の復活を提案している。また根拠を、「現在の老人医療費支給制度が設けられた当時と比較して、老齢福祉年金等年金の水準もある程度上昇していることなども考慮に入れて再検討してよい」ともしている。

　しかし、1974年の老齢福祉年金は月7,500円（1973年10月〜5,000円、1974年9月〜7,500円）で、当時のサラリーマンの年収が175万8,200円（賃金構造基本統計調査）であり、単純に12カ月で割ると、1カ月平均14万6,517円となる。従って、当時の老齢福祉年金はサラリーマンの月収の約20分の1であり、この数値を基に高齢者一部負担の根拠としていることは、我田引水の誹りを免れないのではなかろうか。

　1978年度版白書では、「我が国の経済は、従来のような高度成長は望めず、安定成長へとその基調が変化」してきている中で、「**医療費の動向をみると**、医療の高度化、人口構造の老齢化、疾病構造の変化等の諸要因により従来から**相当高い上昇傾向**」を示しているので、「これをどう負担していくかはきわめて困難かつ重大な問題」だと指摘し、国民への負担増を匂わせている。

1979年度版白書は、「租税の形にせよ社会保険料の形にせよ、その他の受益者負担の形にせよ、国民のより以上の負担に頼らなければならないことは疑いない」、「誰がどの程度負担するのが最も社会的公正に合致するかについて広い国民的合意を形成する必要がある。そしてその前提として必要なことは、給付における社会的公正の確保と施策の総合化、効率化」であるとしている。

　1970年代中半以降の白書は、医療費の高騰、受益者負担、健康に対する責任と自覚を強調し、高齢者の一部負担、被用者本人の一部負担を求める世論を形成したと言える。その結果が、高齢者の療養の給付に伴う一部負担を復活させた「老人保健法（1982年）」の制定、被用者本人は基本10割給付であったが、1984年「健康保険法等改正」で1割一部負担の導入、であったと見ることができる。

第2章 白書に見る一部負担記述の変遷

表3 1970年代の厚生白書に見る医療保険と一部負担

	医療保険に関する記述	医療保険の一部負担に関する記述
昭和45（1970）年度版	● 高齢社会へ（高齢化率が7％を越えた）	
	● 医療保険制度は昭和36年度に国民皆保険を達成したが、その後、医療給付費の急激な伸び等により、保険財政は赤字基調を示し、各制度間における給付水準の格差、保険料負担の不均衡、診療報酬の適正化等の問題とあいまって、制度の抜本的検討が要請されるに至った。厚生省としても医療保険制度の抜本的対策について検討を続けてきたが、一方、昭和37年以後政府管掌健康保険の財政状況は悪化の一途をたどり、制度の崩壊すら予想される事態にたち至った ● 国民健康保険については、被用者保険と異なり保険料の事業主負担がないこと、被保険者に低所得者が多く保険料負担能力が乏しいことなどの事情を考慮するとともに、医療保障に対する国の責任を明らかにするため、従来から、大幅な国庫補助を行なっている	● 国民健康保険における保険給付には、法定給付として療養の給付、助産費の支給および葬祭費の支給が、任意給付としては傷病手当金、育児手当金などがある。療養の給付については、**すべての保険者において世帯主、世帯員ともに7割給付**となっているが、保険者によっては、その財政状況などを勘案しつつ、法定の7割をこえた給付を行なっているところもあり、また、老人、乳幼児など特定の者に対する給付割合の引き上げを実施しているところもある ● 昭和42年8月、抜本的対策を行なうまでの臨時応急の財政対策として、保険料率の引き上げ、投薬時一部負担の新設等を内容とする「健康保険法および船員保険法の臨時特例に関する法律」（いわゆる「健保特例法」）が昭和44年8月までの2年間の限時法として制定された
昭和46（1971）年度版	● 児童手当法制定 ● 第二次ベビーブーム（1971〜74年）	
	● 我が国の医療保険制度は、被用者を対象とする制度としては、一般被用者を対象とする健康保険制度（政府が管掌する政府管掌健康保険と企業ごとにまたは企業がより集まって組織する健康保険組合が管掌する組合管掌健康保険から成っている）、船員を対象とする船員保険制度、日雇労働者を対象とする日雇労働者健康保険制度、公務員およびこれに準ずる者を対象とする国家公務員共済組合、地方公務員等共済組合、公共企業体職員等共済組合および私立学	● （国民健康保険）療養の給付については、**すべての保険者において世帯主、世帯員ともに7割給付**となっているが、保険者によっては、その財政状況などを勘案しつつ、法定の7割をこえた給付を行なっているところもあり、また、老人、乳幼児など特定の者に対する給付割合の引き上げを実施しているところもある

昭和46年度版	校教職員共済組合の各種共済組合制度があり、一般地域住民を対象とする制度としては、国民健康保険制度があり、すべての国民が何らかの保険制度の対象となる国民皆保険の体制が整っている	
昭和47（1972）年度版	・労働安全衛生法施行 ・日中国交正常化	
	・わが国の医療保険制度は、被用者を対象とする制度としては、一般被用者を対象とする健康保険制度（政府が管掌する政府管掌健康保険と企業ごとに、または企業により集まって組織する健康保険組合が管掌する組合管掌健康保険から成っている）、船員を対象とする船員保険制度、日雇労働者を対象とする日雇労働者健康保険制度、公務員およびこれに準ずる者を対象とする国家公務員共済組合、地方公務員等共済組合、公共企業体職員等共済組合および私立学校教職員共済組合の各種共済組合制度があり、一般地域住民を対象とする制度としては、国民健康保険制度があり、すべての国民が何らかの保険制度の対象となる国民皆保険の体制が整っている	・国民健康保険における保険給付には、法定給付として療養の給付、助産費の支給および葬祭費の支給が、任意給付として傷病手当金、育児手当金などがある。療養の給付については、すべての保険者において世帯主、世帯員ともに7割給付となっているが、保険者によっては、その財政状況などを勘案しつつ、法定の7割をこえた給付を行なっているところもあり、また、老人、乳幼児など特定の者に対する給付割合の引き上げを実施しているところもある ・国民健康保険においては、被用者保険と異なり事業主負担がないこと、被保険者に低所得者が多く保険料（税）負担に乏しいことなどの事情を考慮するとともに、医療保障に対する国の責任を明らかにするために、従来から、大幅な国庫負担、補助が行なわれている
昭和48（1973）年度版	・福祉元年 ・老人福祉法改正（老人医療無料化） ・健康保険法改正（家族7割給付、高額療養費制度の創設） ・年金制度改革（5万円年金、物価スライド制の導入） ・第一次オイルショック	
	・真にゆとりのある安定した国民生活を目ざす福祉社会の実現は、最近の異常な物価の上昇、石油危機に伴う経済路線の転換等の激しい情勢の変化に直面しつつも、国民のすべてが要	・国民健康保険における保険給付には、法定給付として療養の給付、助産費の支給及び葬祭費の支給が、任意給付として傷病手当金、育児手当金等がある。療養の給付について

昭和48（1973）年度版	請するところとなっておりますが、その中核となるのが社会保障の充実であることは、論をまたないところであり、厚生行政によせられる期待は、まことに大きいものと考えられます • 物価上昇は、国民生活の実質的な向上を著しく阻害するものであるとともに、所得分配の公正をゆがめ、社会保障の目的とする所得の再分配の基礎を崩壊させるものであって、我が国経済社会が目標としている高福祉社会への諸条件の根底をゆるがすに至っている。このような物価の急騰に対しては、今日各般の対策の果断な実行によって、物価の抑制にあらゆる政策努力が払われなければならないことはいうまでもないが、社会保障においても、その所得再分配機能を一段と強化することによって、国民生活の安定に対して物価の上昇の与える影響を是正し、国民のゆとりのある安定した国民生活への希望にこたえていかなければならない • ゆとりのある安定した国民生活を目ざす高福祉社会の実現に当たって、その基盤となる社会保障については、その充実の方向は、国民ひとりひとりの生きがいを高めるという社会の究極の理想と調和したものでなければならない。このためには、社会保障による給付、施設、サービスは、これを利用する人々にとって、その生活の安定と向上に十分役立つ水準のものであるとともに、自らの価値観と生きがいに応じて積極的な社会生活を営む条件を整えることを目的として提供されるものでなければならない。このような観点から、社会保障給付のあり方、社会福祉施設の施設体系のあり方等については、真剣に再検討を行い、国民の生きがいを高めるものとして、今後の我が国の社会保障を築きあげることが求められている	は、法定の給付率は世帯主、世帯員ともに7割となっているが、保険者によっては、その財政状況等を勘案しつつ、法定の7割を超えた給付を行っているところもあり、また、乳幼児等特定の者に対する給付率の引き上げを実施しているところもある
昭和49年度版	• 雇用保険法制定 • 経済成長が戦後初のマイナスに	
	• 人口の老齢化により、老齢者をめぐる問題は今後一層深刻な問題となる。したがって、本格的な人口の老齢化を迎える今日、老齢者の扶養負担、適正な保険医療の外、老人と家族、	• 老齢者の医療保障をみると、（昭和）36年以来の国民皆保険体制の一環として各種医療保険により行われている。しかし、被用者である場合には、その間は被用者保険によって10

昭和49(1974)年度版

老人の生きがい等老人の幸福とかかわる問題について、国民的規模での検討と広範な合意の形成が必要
- 老人福祉法制定後10年の歳月が経過した今日、老人福祉施策は、単に目前の事態に対処するだけでなく、希望を持てる高齢化社会実現を目ざして、新たなる展開をくり広げる時期にきている
- 我が国の医療保険制度には、大きく、被用者を対象（被保険者は被用者自身であるが、この被用者に扶養される者も保険の対象である）とする制度と、一般地域住民を対象とする制度とがある。前者には、一般被用者を対象とする健康保険制度（政府が保険者である政府管掌健康保険と企業ごとに又は企業が寄り集まってその従業員で組織する健康保険組合が保険者となる組合管掌健康保険から成っている）の他に、特殊職域の被用者を対象とするものとして、船員保険制度、日雇労働者健康保険制度及び各共済組合（国家公務員、地方公務員等、公共企業体職員等、私立学校教職員）制度がある。保険者は、船員保険、日雇労働者健康保険においては政府であり、共済においては各組合である。後者は国民健康保険制度であり、被用者保険の対象にならない国民を、すべて被保険者とすることになっている。保険者は原則として市町村であるが、同種の事業又は業務に従事する者で組織する国民健康保険組合が保険者になることもできる。我が国では、被用者保険の間隙を国民健康保険が補う形で、すべての国民が何らかの保険制度の対象となる国民皆保険の体制が昭和36年4月より整っている

割の給付が行われるが、老齢なるが故に退職した後は、国民健康保険の加入者又は被用者保険の家族となり従前から国民健康保険の加入者又は被用者保険の家族であった老齢者と同じく、3割から5割の自己負担があり、高い医療ニードがあるにもかかわらず、これら老齢者の負担能力が十分でないため、必ずしも適切な医療が確保されないうらみがあった。このような老齢者の医療保障については、（昭和）48年1月から老人医療費支給制度の実施を始め、（昭和）48年度に行われた健康保険法等の改正において**被用者保険の家族給付率の7割への引上が、国民健康保険の被保険者及び被用者保険の家族の医療費が高額であるとき自己負担分の一定額（月額3万円）以上を超える額を支給する高額療養費支給制度の創設によって改善が図られているが、これらは、医療供給側への圧迫、医療保険制度における老人医療費増大、といった新たな課題を生じている**
- 療養の給付における法定の給付割合は、世帯主、世帯員ともに7割となっているが、保険者によっては、法定の7割を超える給付を行なっているところもある
- 診療費の状況は第1-3-6表のとおりであるが、とくに（昭和）47年度は診療1日当たり費用額及び被保険者1人当たり診療費の伸びが顕著となっている。これは、（昭和）47年2月に行われた医療費改定、（昭和）48年1月から実施された老人医療費支給制度及びこれに先行して多くの地方公共団体で独自に実施された老人医療費の無料化施策等の影響によるものである

第2章　白書に見る一部負担記述の変遷

昭和50（1975）年度版	• 障害者の権利宣言（第30回国連総会宣言）	
	• 我が国では、すべての国民が何らかの医療保険制度の対象となる国民皆保険の体制が（昭和）36年4月より完成している。医療保険制度を大きく分けると、被用者を対象（被保険者は被用者自身であるが、この被用者に扶養される者も保険の対象である）とする制度と、一般地域住民を対象とする制度とになる。前者には、一般被用者を対象とする健康保険制度（政府が保険者である政府管掌健康保険と企業ごとに又は企業が寄り集まってその従業員で組織する健康保険組合が保険者となる組合管掌健康保険から成っている）のほかに、特殊職域の被用者を対象とするものとして、船員保険制度、日雇労働者健康保険制度及び各共済組合（国家公務員、地方公務員等、公共企業体職員等、私立学校教職員）制度がある。保険者は、船員保険、日雇労働者健康保険においては政府であり、共済においては各共済組合である。後者は国民健康保険制度である。被用者保険の対象とならない国民を、すべて被保険者としている	• 真に必要な需要の増加については、国民全体としてその費用負担を高めていかねばならないが、この場合、負担能力と受益に見合った公正な負担が行われるよう制度を見直していく必要がある。このような観点から、医療、福祉サービスにおいても必要な場合には受益者負担的な考え方を取り入れるなど費用負担の合理化を行うことも必要である • 我が国においては、被保険者本人の一部負担は、初診時200円、入院1日について60円（ただし1か月間）であり、これは42年以来すえ置かれている。早期受診を妨げないよう一部負担は軽いものとすることが必要であるとの論もあるが、軽度で医療負担の少ないものについて不必要に手厚い給付を行うことは避け、患者負担が相対的に高く必要な医療の享受を妨げているような場合に手厚い給付を行う方策を講ずべきという意見もあり、いずれにしても一部負担のあり方については、今後十分検討していく必要があろう • 国民の負担に対する合意はもとより、単に老人医療制度のみにとどまらず、福祉サービス、年金等を含めた総合的な老人対策との関連において老人医療制度を適切に位置付け、その合理化を図るとともに、老人自身の健康に対する責任と自覚を促す見地からの配慮も必要であろう。例えば、医療への参加意識を促す意味である程度の一部負担を設けることも一考に値しよう。現在の老人医療費支給制度が設けられた当時と比較して、老齢福祉年金等年金の水準もある程度上昇していることなども考慮に入れて再検討してよいであろう

43

昭和51(1976)年度版	・学校給食に米飯が導入 ・ベトナム社会主義共和国樹立	
	・我が国では、すべての国民が何らかの医療保険制度の対象となる国民皆保険の体制が（昭和）36年4月より実現している。医療保険制度を大きく分けると、被用者保険（被保険者は被用者自身であるが、この被用者に扶養される者も保険の対象である）と、一般地域住民を対象とした地域保険となる	・国民健康保険においては、被用者保険と異なり事業主負担がないこと、被保険者に低所得者が多く保険料（税）負担能力が乏しいことなどの事情を考慮するとともに、医療保障に対する国の責任を明らかにするために、従来から大幅な国庫負担、補助が行われている ・（健康保険）療養の給付は、被保険者に対して、病院、診療所において診察、手術、薬剤の支給、入院、看護等を行うものであり、家族療養費は、被扶養者に対して被保険者と同様
	の給付について、その7割を支給するものである。療養の給付費は、46年度の4,484億円が、50年度には9,064億円とほぼ2.0倍になっており、家族療養費についても、46年度1,020億円が、50年度には4,609億円とほぼ4.5倍の増加を示している。この間被保険者数は1.5％、被扶養者数は15％増加しているが、家族療養費の増加はこれを大きく上回っている。この内容をみてみると第1-3-8表のとおりであり、療養の給付費の増加は、1日当たり金額の大幅な増加が大きな原因となっている。この他家族療養費については、48年10月から給付率が5割から7割に引き上げられたことも大きな原因となっている	
昭和52(1977)年度版	・平均寿命世界1位となる（男性：72.69歳、女性：77.95歳）	
	・我が国では、すべての国民が何らかの医療保険制度の対象となる国民皆保険の体制が（昭和）36年4月より実現している。医療保険制度を大きく分けると、被用者保険（被保険者は被用者自身であるが、この被用者に扶養される者も保険の対象である）と、一般地域住民を対象とした地域保険となる	・社会保険方式を採る西ドイツ、フランス、イタリアなどは、被用者と事業主が拠出する保険料を財源としており、その負担割合は国によって異なっている。西ドイツは労使折半、フランス、イタリアでは事業主側の負担が著しく重くなっているが、いずれの国も原則として限られた制度以外は国庫負担はない仕組みである。保健サービス方式を採るイギリスでは、医療現物給付に要する費用

第2章　白書に見る一部負担記述の変遷

昭和52（1977）年度版		のほとんどを国の一般財源で賄い、スウェーデンでは、被用者には負担がなく、その財源は、事業主と国に求められている
		・我が国の医療保障の現状をみるに、その適用においては皆保険であるとともに、近年における医療保険制度の内容改善、老人医療費支給制度の創設等によって、国民医療費に占める自己負担率は40年度の20.6％から50年度の13％まで改善されている。しかし、我が国の医療保障については、医療費増加に伴う政府管掌健康保険の財政悪化をはじめとし、基本問題として医療保険における給付率及び費用負担の格差、差額病床、付添看護にみられる保険外負担等、まだかなり改善ないし、調整されるべき事項が少なくない
昭和53（1978）年度版	・農林水産省発足 ・日中平和友好条約調印	
	・我が国では、すべての国民が何らかの医療保険制度の対象となる国民皆保険の体制が（昭和）36年4月より実現している。医療保険制度を大きく分けると、被用者保険（被保険者は被用者自身であるが、この被用者に扶養される者も保険の対象である）と、一般地域住民を対象とした地域保険となる	・我が国の経済は、従来のような高度成長は望めず、安定成長へとその基調が変化してきている。このような経済基調の変化は医療保険にも大きな影響を与えずにはおかない。医療費の動向をみると、医療の高度化、人口構造の老齢化、疾病構造の変化等の諸要因により従来から相当高い上昇傾向を示してきたが、経済基調の変化にもかかわらずこうした傾向が続くことが予測されるばかりか、今後急激に進行する人口構造の老齢化を見通すとき、これをどう負担していくかはきわめて困難かつ重大な問題となってこざるを得ない
昭和54（1979）年度版	・国際児童年 ・第二次オイルショック	
	・我が国では、すべての国民が何らかの医療保険制度の対象となる国民皆保険の体制が（昭和）36年4月より実現している。医療保険制度を大きく分けると、被用者保険（被保険者は被用者自身であるが、この被用者に扶	・今後我が国の社会保障がより十分に機能を果たしながら国民生活に定着していくためには、租税の形にせよ社会保険料の形にせよ、その他の受益者負担の形にせよ、国民のより以上の負担に頼らなければならないことは疑いな

昭和54年度版	養される者も保険の対象である）と、一般地域住民を対象とした地域保険となる	い。そして、いかなる形において誰がどの程度負担するのが最も社会的公正に合致するかについて広い国民的合意を形成する必要がある。そしてその前提として必要なことは、給付における社会的公正の確保と施策の総合化、効率化であろう

出典：表1と同じ。　　注：太字は筆者。

4．1980 年代厚生白書

1）社会保障・医療保障の視点

　1980 年代の経済状況は、1973 年と 1979 年の 2 度のオイルショックに見舞われた日本にとって、低経済成長への幕開けであった。しかし、省エネルギー型の産業構造への転換、商品・サービスにおける省エネルギー化にある程度成功したことから、欧米諸国に比べ、日本は石油価格の高騰を比較的容易に吸収でき、加えて 1980 年代前半のドル高・円安傾向で、輸出産業の競争力を格段に強め、特に自動車、電気機械、一般機械等において輸出の拡大に貢献した。経常収支も、1979 年マイナス 1 兆 9,720 億円、1980 年マイナス 2 兆 5,760 億円であったのに対し、一転 1980 年代は、1983 年 4 兆 9,590 億円、1984 年 8 兆 3,490 億円、1985 年 11 兆 970 億円、1986 年 14 兆 2,440 億円と黒字となっている。

　この間、1981 年 3 月に土光敏夫を会長とする「第二臨時行政調査会」が設置（1983 年 3 月解散）され、「増税なき財政再建」を掲げ行政改革を推進した。第二臨調は、2 年余りの期間に最終答申（行政改革に関する第 5 次答申）を含めて 5 度答申を行っている。最終答申では、「第 3 次答申においては、今後の我が国の行政の目指すべき二大目標として、『活力ある福祉社会の建設』と『国際社会に対する積極的貢献』を提唱するとともに、既存の行政の制度・政策の見直しのための視点として、『変化への対応』、『総合性の確保』、『簡素化・効率化』、『信頼性の確保』の四つを提示」した上で、今後の行政のあり方を示した。

　最終答申は、今後の行政のあり方として、「我が国行政が目指す活力ある福祉社会の建設と国際社会に対する積極的貢献という 2 大目標を達成するためには、当面の行財政の難局を打開することはもとより、今

後、長期にわたる持続的な行政改革の努力が必要」として、行政改革が短期的なものではなく長期にわたることを示唆している。

また、「国民の福祉のため真に必要な施策は確保しつつ、同時に民間の自由な活動を十分に保障する最小限のものでなければならない。活力ある福祉社会は、自立・自助を原則とする国民の活力と創意を基礎にしてこそ存立し得るものであるからである」として、新しい時代の行政の役割は、最小限の福祉を基本に、自立・自助を原則にする方向を明確にしている。第二臨調行革路線の具体化とその進展を監視する役割で、1983年7月に同じく土光敏夫を会長として、第一次臨時行政改革推進審議会が設置（1986年6月解散）された。

1980年代の白書の分析には、臨調行革路線の基本的知識は欠かせないとの前提で、上記のごとくやや長めの解説を行った。

1980年度、1981年度、1982年度版白書は、「我が国では、すべての国民が何らかの医療保険制度の対象となる国民皆保険の体制が（昭和）36年4月より実現している」とほぼ同様の記述で医療保険制度の成果を記載しているが、1983年度以降の厚生白書では、第二臨調路線を後押しするための論調へと変化している。

具体的には、1983年度版白書は、「我が国社会保障は、日本社会の特性に根ざした国民福祉の追求を心がけるべきであり、我が国独自の福祉社会の実現に努めなければならない」と、「日本社会の特性」や「我が国独自」のと強調して、1973年度版厚生白書が目指した「ゆとりのある安定した国民生活を目ざす高福祉社会」の実現とは相容れない方向を示した。それは、「自立自助・社会連帯の精神、家庭基盤に根ざす福祉、民間活力の活用、効率的で公平な制度を基本として、将来にわたりゆるぎない活力あふれる福祉社会」（1983年度版白書）を実現すると宣言していることからも理解できる。

これは、その後の社会保障政策の基礎となる「自立・自助を基本」とし、家庭・家族に依存する「日本型」と形容した「福祉社会」を実

現する方向と合致している。

　1984年度版厚生白書では、国民誰しもが安心して医療が受けられるように「医療費の伸びを適度なものに抑えていく」、「医療費の増加を抑えていくためには、個々人が健康に注意し、病気にならないように気をつける」と、医療費抑制目的を前面に打ち出し、国民に対し健康における自己責任を強要する方針を明確にした。

　このような論調は、当時の厚生省においては支配的な考え方であったことが以下の文章からも窺える。

　厚生省保険局長吉村仁（当時）は、1983年3月社会保険関係雑誌の中で、「このまま医療費が増え続ければ、国家がつぶれるという発想さえ出てきている。これは仮に医療費亡国論と称しておこう」[2]と、いわゆる医療費亡国論を現職の官僚が発表するというものであった。また、1983年5月19日の衆議院労働委員会で、『社会保険旬報』へ寄稿したレポートの中身の考え方を質され、「大体そういうことでございます」[3]と答弁している。

　1985年度版白書では、医療・福祉サービスを、市場で売り買いされる商品と同等の扱いに変化している。それは、「**家庭をベースとして日常生活を不安なく送るためには、例えば、そば屋の出前や理髪のサービスを利用するのと同じような感覚で、保健・医療・福祉サービスを適切な負担で必要に応じ利用できる仕組みが整備される必要**」（1985年度版白書）との文言からも理解できる。

　また、社会保障のカバー範囲を低位に抑え、それを超える部分を市場化しようとの方向性も示唆している。具体的には、「**社会保障がカバーすべき範囲、水準は、国民の負担能力との見合いで国民の合意に委ねられるとしても、社会保障は、一般的にいえば、国民が安心して暮らせるよう生活の必需的な部分については、安定的にカバーしていく必要がある。他方、これを超える部分については、充足の手段を私的サービスに委ね、消費者の選択に任せるべき**」（1985年度版白書）とし、社会

保障がカバーする範囲は、「何を必需的とし、何を選択的とするか一義的に決めることは困難であるが、ニードの優先度、負担する者と受益する者の生活のバランス、受益する者の範囲等に留意しつつ、給付の重点化、過剰給付の整理を図り、社会保障がカバーすべき範囲、水準を適正な所に設定すべきである」(1985年度版白書) としている。これは、結果的には政策立案者である政府・厚生省に自由裁量権を認めていることである。

1986年度版白書は、自助・自立に、「公助」を加えた3層構造を初めて示した白書であるが、「公助」が支援を意味することを明確に示唆していることは、現在にも通じる方向性が既に1986年時点で示されていたことが窺える。それは、「自助・互助・公助という言葉に代表される個人、家庭、地域社会、公的部門等社会を構成するものの各機能の適切な役割分担の原則である。**健全な社会とは、個人の自立・自助が基本であり、それを支える家庭、地域社会があって、さらに公的部門が個人の自立・自助や家族、地域社会の互助機能を支援する三重構造の社会、換言すれば、自立自助の精神と相互扶助の精神、社会連帯の精神に支えられた社会を指す**」(1986年度版白書) との文言から明白である。

1989年度版白書は、「健康づくりは、国民一人一人が『自分の健康は自分で守る』という自覚を持つことが基本」と、健康自己責任論を全面的に展開している。

2）老人医療無償化の廃止と全国民の8割給付へ統一の意思表示

一部負担に関しても、1970年代の高福祉社会を目指す方向から、大きく「活力ある福祉社会」への転換と合わせて、負担あっての給付との厚生省の姿勢を明確にしている。

1980年度白書は、社会保障全般に関して「社会保障の今後の課題として、将来にわたって安定的、かつ効率的な制度の運営を図る観点か

ら、給付と負担の両面における社会的公正の確保」(1980年度版白書)を図り、「今後増大する費用負担に対応して負担能力と受益に見合った適正な負担」(1980年度版白書)が行われるようにするとしている。1981年度版白書は、「一部負担の適正化、合理化を図る」(1981年度版白書)と、適正化との文言は使用しているが、1980年度版白書との整合性を勘案すれば、適正化の名の下に一部負担率を上げていくことを宣言したに等しい。

1982年度版白書は、この年に老人医療の一部負担を復活する「老人保健法制定」との関わりもあり、従来の老人医療費無料化制度は、「老人の受療を容易にした反面、ややもすると老人の健康への自覚を弱め、行き過ぎた受診」(1982年度版白書)を招いたとの批判をし、乱診乱療、健康の自己責任を弱めた元凶とばかりにその転換を指摘している。新たに制定された老人保健制度は、「健康に対する自己責任の考え方に立ち、老人の方々にも適切な受診をしてもらうという見地から、無理のない範囲で一部負担金を支払ってもらう」(1982年度版白書)こととし、健康自己責任と一部負担がセットで制度化されたことを示唆した。

高齢者の負担の再導入だけではなく、それを理由に、医療保険全体の負担見直しも提起している。「今後、医療費の効率的な活用を考えるに当たっては、適正な自己負担の在り方についても検討する必要がある」(1982年度版白書)。

1980年代のその後に発行された白書も、医療費適正化とセットで一部負担見直しの世論形成を行っている。

具体的には、「給付の効率化、合理化を進める一方で適正な受益者負担を導入する以外にない」(1983年度版白書)、「安定経済成長への移行により、医療費に充てる財源は制約を受けつつあり、医療費の適正化が、大きな課題となっている」(1983年度版白書)と記述している。

また、医療費適正化・一部負担導入の根拠として、「患者負担が減少すると医療需要に波及し、需要の増大をもたらすことが経験的に確かめら

れている」(1983年度版白書)からと、負担を減じることで需要が喚起されるため、逆に負担を増やせば需要は減らせるとの論法。このように、市場で売り買いされる私的財と同様の発想は、社会保障の生存権保障を具体化する制度との基本理念を捨象した論法であり、極めて危険である。これは、商品はお金を払って購入することが当たり前の社会に暮らす国民にとっては、単純な論法であるがゆえ、一般的に浸透しやすい言説とも言える。

　また、1983年度版白書では、「医療保険の給付の範囲について優先度の低い給付の見直しが必要」(1983年度版白書)とし、健康自己責任、一部負担の見直しだけでなく、そもそも保険がカバーする範囲の見直しの提起にも一歩踏み込んだ。

　1984年度版白書では、同年に健康保険法等の改正で、被用者本人の1割一部負担導入の理由として、「サラリーマン本人の10割給付は、自己負担がなく、かかった医療費がわからないため、医療費についてのコスト意識が欠如しがちであり、これが一部で患者の薬ねだりや医師の薬づけといった事態を招きかねないという点が指摘されており、適切な一部負担が医療の効率化につながる」(1984年度版白書)とし、ここでも療養の給付を「私的財」との観点で考察している。また、被用者本人への一部負担により、「医療を受けた人と受けない人との間の均衡」(1984年度版白書)も図れるし、「医療費についてのコスト意識が明確になり健康増進への意欲が高まる」(1984年度版白書)と説いている。

　1980年代中半以降の白書では、このようなコスト意識の喚起、受益者間の均衡論を展開し、最終的に医療保険全体で8割給付を実現しようとしたことが、以下の文言から見えてくるし、「国民医療費の伸びは国民所得の伸びの範囲内に抑えていくこと」(1985年度版白書)との決意も白書では初めて宣言された。

　1985年度版白書では、「受益者負担がもたらす効果としては、適切な負担を課すことにより受益者のコスト意識を喚起し、サービスの必要に

第 2 章　白書に見る一部負担記述の変遷

乏しい者の参入を抑制し、必要の高い者に十分なサービスの提供を行うことを可能」(1985 年度版白書)、「サービス提供機関の混雑現象を緩和するとともに、**無駄な給付や過剰投資といった資源の浪費を防ぐ**」(1985 年度版白書)、「**負担することは消費者マインドを醸成し、給付（サービス）の質を問うことになり、サービスの質向上にもつながる**」(1985 年度版白書)、「(昭和) 60 年代後半のできるだけ早い時期に給付率を 8 割程度で統一することが適当」(1985 年度版白書) としている。

　1986 年度版白書は、「**負担能力に応じた受益者負担を原則とする必要**があろう」(1986 年度版白書)、「サービスの利用に支障を生ずることのないよう低所得者に十分配慮した上で、**受益者負担を原則とする方向を検討する**」(1986 年度版白書) とし、「患者負担分の割合の低下は、患者負担分が高額となる入院医療を中心として国民医療費の増大を招くこととなった。特に老人医療については、無料化によって患者負担が大きく軽減された」(1986 年度版白書) としているように、患者負担の割合を低下させたことが医療費増の原因だとしている。

　また、1984 年の国民医療費の沈静化は、「**被用者本人一割負担導入によって、15 歳から 44 歳までの年齢階層の受診率が低下したことがその要因と考えられる**」(1986 年度版白書) とし、被用者の一部負担による受診率の低下を評価している。しかし、医療は、一般的には、その初期段階において患者本人が、体調が悪い、あるいは病気を疑って受診行動が喚起されるため、受診抑制は、疾病の早期発見を遅らせてしまい、重篤化してからの受診へ繋がり、結果的には医療費の膨張を助長する可能性がある。この点に全く言及せず、一方的な受診抑制評価は極めて危険である。

　医療保険における 8 割給付統一に関して、1988 年度版白書は、「**医療保険各制度間の給付と負担の公平化（一元化）を図るための措置を段階的に講ずることとしており、この場合、全体としての給付率をおおむね 8 割程度とすることを目標とする**」(1988 年度版白書)、1989 年度版白

53

書は、「全体としての給付率をおおむね8割程度とすることを目標とする」と、1990年代前半に8割の統一給付を狙っていたことが窺える。しかし、1984年にサラリーマン9割給付を実施したばかりで、1985年には既に8割給付への方向性を示していたことには驚かされる。この事実からも、給付、負担率は、もっぱら政府の都合でいつでも変更できるとの意思表示であろう。

表4　1980年代の厚生白書に見る医療保険と一部負担

	医療保険に関する記述	医療保険の一部負担に関する記述
昭和55（1980）年度版	・WHO天然痘根絶宣言 ・我が国では、すべての国民が何らかの医療保険制度の対象となる国民皆保険の体制が、（昭和）36年4月より実現している。医療保険制度を大きく分けると、被用者保険（被保険者は被用者自身であるが、この被用者に扶養される者も保険の対象である）と、一般地域住民を対象とした地域保険となる	・社会保障の今後の課題として、将来にわたって安定的、かつ効率的な制度の運営を図る観点から、給付と負担の両面における社会的公正の確保を図っていくことであろう。それは、給付面においては、真に必要な者に充実した給付が行われるよう給付の重点化、効率化を更に推進することである。一方、負担面においては、今後増大する国民の費用負担に対応して、負担能力と受益に見合った適正な負担が行われるようにすることである
		・真に福祉を必要とする者に重点的に福祉の給付を行うことは、まさにこの社会的公正の確保に資するものであり、また、負担面においても、今後増大する費用負担に対応して負担能力と受益に見合った適正な負担が行われるよう配慮していく必要がある
昭和56（1981）年度版	・国際障害者年 ・第二次臨時行政調査会発足 ・我が国では、すべての国民が何らかの医療保険制度の対象となる国民皆保険の体制が、（昭和）36年4月より実現している。医療保険制度を大きく分けると、被用者保険（被保険者は被用者自身であるが、この被用者に扶養される者も保険の対象である）と、一般地域住民を対象とした地域保険とになる	・本人家族の給付水準の格差是正等を中心に給付改善を行い、併せて一部負担の適正化、合理化を図ること
昭和57年度版	・老人保健法制定（一部負担の導入、老人保健事業） ・我が国では、すべての国民が何らかの医療保険の対象となる国民皆保険の体制が、（昭和）36年4月より実施されている。医療保険制度を大きく分けると、被用者保険（被保険者は被用者自身であるが、この被用者	・従来のいわゆる老人医療費無料化制度は、老人の受療を容易にした反面、ややもすると老人の健康への自覚を弱め、行き過ぎた受診を招きやすいといった弊害が指摘されてきた。新制度では、健康に対する自己責任の考え方に

昭和57（1982）年度版	に扶養される者も保険の対象である）と、一般地域住民を対象とした地域保険とになる	立ち、老人の方々にも適切な受診をしてもらうという見地から、無理のない範囲で一部負担金を支払ってもらうこととしている。これは、老人の医療費を国民が公平に負担するという新制度のねらいに沿うものである
	• 近年進められた給付率の段階的改善、昭和47年度の老人医療費の無料化、昭和48年度の高額療養費の新設などによって、今では受診の際の患者負担は極めて軽減化された。医療費全体に占める患者負担の割合は、国民皆保険が達成された昭和36年度には27.5%であったが、昭和46年度では19.0%、昭和55年度では11.8%と低下してきた。ところが、給付の改善は、受診機会を拡大し受診率の上昇をもたらしたが、老人医療において指摘されたように、一部にはゆきすぎた受診の現象も招いた。今後、医療費の効率的な活用を考えるに当たっては、適正な自己負担の在り方についても検討する必要がある	
昭和58（1983）年度版	• 老人医療費支給制度廃止（老人医療費一部負担の導入） • 「国連・障害者の10年」開始	
	• 我が国社会保障は、日本社会の特性に根ざした国民福祉の追求を心がけるべきであり、我が国独自の福祉社会の実現に努めなければならない。すなわち、自立自助・社会連帯の精神、家庭基盤に根ざす福祉、民間活力の活用、効率的で公平な制度を基本として、将来にわたりゆるぎない活力あふれる福祉社会の建設をめざす必要がある • 我が国では、すべての国民が何らかの医療保険の対象となる国民皆保険の体制が、（昭和）36年4月より実施されている。医療保険制度を大きく分けると、被用者保険（被保険者は被用者自身であるが、この被用者に扶養される者も保険の対象である）と、一般地域住民を対象とした地域保険とになる	• 社会保障を現行制度のまま進めていくとすれば、将来の国民の負担は相当の水準になるものと推計されており、現在先進国が陥っていると同様の状況になることも懸念されている。社会保障が国民の生活設計に組み込まれている現在では、制度の改革は長期的な見通しをもって徐々に実行せざるを得ないものも多いことを考慮すると、我々は、将来の国民の負担の水準についての選択を迫られているとみるべきであろう。社会保障給付はいずれにしろ租税か社会保険料か受益者負担で賄われるものであり、それをいかに組み合せて選択するかである。国民が将来の負担を適度な水準にとどめることを選択するとすれば、給付の効率化、合理化を進める一方で適正な受益者負担を導入する以外にないであろう

昭和58（1983）年度版		●安定経済成長への移行により、医療費に充てる財源は制約を受けつつあり、医療費の適正化が、大きな課題となっている。もちろん医療は個人、家庭及び社会の物心両面の幸福を支えている基礎的な条件であり、単に費用の面のみから論じることは適切でない。この点に十分留意しながら、限られた医療費を有効に活用することにより国民の健康水準を向上させることが求められている ●患者負担が減少すると医療需要に波及し、需要の増大をもたらすことが経験的に確かめられている。医療費の財源別内訳をみると、患者負担は昭和35年度には30％であったが、昭和56年度には10.8％となっている。これは、国民皆保険体制の確立、給付割合の引上げ、高額療養費支給制度等医療保険制度の改善とともに、老人医療費の無料化制度が大きく影響している ●財源の厳しい制約の下で適切な医療サービスを国民に円滑に提供していくためには、制度の趣旨に照らして医療保険の給付の範囲について優先度の低い給付の見直しが必要となろう
昭和59（1984）年度版	●健康保険法等改正（本人9割給付、退職者医療制度制定） ●世界一の長寿国（女性の平均寿命80歳を超える）	
	●我が国では、すべての国民が何らかの医療保険の対象となる国民皆保険の体制が、（昭和）36年4月より実施されている。医療保険制度を大きく分けると、被用者保険（被保険者は被用者自身であるが、この被用者に扶養される者も保険の対象である）と、一般地域住民を対象とした地域保険とになる ●本格的な高齢化社会を迎えても、社会の活力を維持しつつ、一方で医療保険制が安定して十分に機能し、国民の誰もが安心して医療が受けられるようにするためには、医療費の伸びを適度なものに抑えていく必要がある。高齢化が進む中で、医療の水準を維持向上させながら、医療費の増加を抑えていくためには、個々人が健康	●医療保険制度自体についても、サラリーマン本人の10割給付は、自己負担がなく、かかった医療費がわからないため、医療費についてのコスト意識が欠如しがちであり、これが一部で患者の薬ねだりや医師の薬づけといった事態を招きかねないという点が指摘されており、適切な一部負担が医療の効率化につながると考えられる。この点については、10割給付であるサラリーマン本人の1日当たり医療費は、7割あるいは8割給付の国民健康保険加入者やサラリーマンの家族に比べて、薬、注射、検査に費用が2〜3割高くなっている ●今回の改正では、サラリーマン本人の患者負担に定率負担を導入し、原則としてかかった医療費の1割を負担す

昭和59（1984）年度版	に注意し、病気にならないように気をつけるとともに、医療費や医療従事者、設備の配分・使い方に無駄や非効率な点がないかを徹底して見直していかなければならない。医療保険制度においても、給付内容の無駄を徹底的に排し、適正化を図っていく必要がある	ることになる。これは各保険制度を通じた給付の公平化に向けての第1段階として位置づけられる。また、これにより、医療を受けた人と受けない人との間の均衡や本人と家族との均衡が配慮されるようになるとともに、医療費についてのコスト意識が明確になり健康増進への意欲が高まるものと考えられる。この1割負担については、昭和61年4月以降の国会の承認を得て2割に引き上げることにされている
昭和60（1985）年度版	・医療法改正（医療計画の策定） ・年金制度改正（基礎年金導入） ・労働者派遣法制定	
	・我が国では、すべての国民が何らかの医療保険の対象となる国民皆保険の体制が、（昭和）36年4月より実施されている。医療保険制度を大きく分けると、被用者保険（被保険者は被用者自身であるが、この被用者に扶養される者も保険の対象である）と、一般地域住民を対象とした地域保険とになる ・家庭をベースとして日常生活を不安なく送るためには、例えば、そば屋の出前や理髪のサービスを利用するのと同じような感覚で、保健・医療・福祉サービスを適切な負担で必要に応じ利用できる仕組みが整備される必要がある ・社会保障がカバーすべき範囲、水準は、国民の負担能力との見合いで国民の合意に委ねられるとしても、社会保障は、一般的にいえば、国民が安心して暮らせるよう生活の必需的な部分については、安定的にカバーしていく必要がある。他方、これを超える部分については、充足の手段を私的サービスに委ね、消費者の選択に任せ	・受益者負担がもたらす効果としては、適切な負担を課すことにより受益者のコスト意識を喚起し、サービスの必要に乏しい者の参入を抑制し、必要の高い者に十分なサービスの提供を行うことを可能とする。これにより、サービス提供機関の混雑現象を緩和するとともに、無駄な給付や過剰投資といった資源の浪費を防ぐことにも役立つ ・負担することは消費者マインドを醸成し、給付（サービス）の質を問うことになり、サービスの質向上にもつながる ・今後の本格的な人口高齢化に伴って医療費が増えることは避けがたいとしても、その野放図な増加は、負担主体の負担意欲、活力を阻害し、制度の仕組みそのものに対する信頼を喪失させるおそれがある。このような事情を踏まえると、国民医療費の伸びは国民所得の伸びの範囲内に抑えていくことが是非とも必要である ・需要面については、患者負担の適正化を図ることにより、患者側に健康

昭和60（1985）年度版	るべきである。また、消費生活の多様化、個性化の進行に伴い、消費者の自由な選択に委ねるべき部分は、相当程度拡大してきていると考えられる • 何を必需的とし、何を選択的とするか一義的に決めることは困難であるが、ニードの優先度、負担する者と受益する者の生活のバランス、受益する者の範囲等に留意しつつ、給付の重点化、過剰給付の整理を図り、社会保障がカバーすべき範囲、水準を適正な所に設定すべきである	の自己管理を促すとともに、医療機関と患者の双方にコスト意識を喚起し、医療費の無駄な支出を極力排除する必要がある • 国民医療費は、社会保険料、公費及び患者負担の三者で負担されており、医療費の費用負担の問題は、この三者の負担をどのように組み合わせ公平性を確保していくかという点に帰着する。このような観点から、患者負担の問題についてみると、現在、その割合は、患者が属する制度ごとに異なっており、被用者保険の本人は、医療費の1割負担、家族は入院2割、外来3割負担、国民健康保険は3割負担（退職被保険者については2割負担）となっている
		• 医療保険の給付率については、国民だれもが、その属する制度を問わず平等であることが望ましいと考えられ、**被用者保険本人の定率負担導入は給付率の公平化への第一歩と位置づけられる**。今後は、財源を含め全体としての国民負担の動向等を考慮しつつ、現在入院8割・外来7割の被用者保険家族及び入院・外来7割の国民健康保険加入者を含めて、（昭和）60年代後半のできるだけ早い時期に給付率を8割程度で統一することが適当と考えられる
昭和61（1986）年度版	• 基礎年金の導入 • 老人保健法改正（老人保健施設の設置）	
	我が国では、すべての国民が何らかの医療保険の対象となる国民皆保険の体制が、（昭和）36年4月より実施されている。医療保険制度を大きく分けると、被用者保険（被保険者は被用者自身であるが、この被用者に扶養される者も保険の対象である）と、一般地域住民を対象とした地域保険とになる • 社会保障制度が安定し有効に機能していくことは、活力ある長寿社会の前提となるものであるが、過剰な	• 福祉サービスの対象者はかつての低所得者を対象とした個別的選別的サービスから、現在では所得に関係なく国民全体を対象とした一般的普遍的サービスに変容しつつある。対象者の拡大に応じて飛躍的に増大するサービスの費用については、国民の所得水準の上昇に見合い負担能力に応じた受益者負担を原則とする必要があろう • 医療サービスについても、世代間の公平や加入者間の負担のバランスと

昭和61(1986)年度版	・給付や過大なサービスはかえって経済社会の活力をそぐことにもなりかねないことに留意する必要がある ・自助・互助・公助という言葉に代表される個人、家庭、地域社会、公的部門等社会を構成するものの各機能の適切な役割分担の原則である。健全な社会とは、個人の自立・自助が基本であり、それを支える家庭、地域社会があって、さらに公的部門が個人の自立・自助や家族、地域社会の互助機能を支援する三重構造の社会、換言すれば、自立自助の精神と相互扶助の精神、社会連帯の精神に支えられた社会を指すものと考えることができよう ・基本的に社会の構成員の全てが社会保障の負担者であるとともに受益者であるという状況においては、社会保障の給付と負担の両面において公平かつ公正であることが重視されなければならない いう観点が次第に重視されつつあり、健康保険の被用者本人1割負担の導入や老人医療費の一部負担の見直しなどはこれを反映したものであると言える。年金制度の成熟化や国民の生活水準の上昇を前提として考えれば、社会サービスの供給に当たっては、サービスの利用に支障を生ずることのないよう低所得者に十分配慮した上で、**受益者負担を原則とする方向を検討する必要があろう** ・医療サービスを受けるに当たって直接的な負担である国民医療費に占める患者負担分(公費、保険又は老人保健の一部負担)の割合は、(昭和)45年度には16.7%であったが、その後老人医療費の無料化(47年度)、高額療養費制度の導入(48〜50年度)により、(昭和)48年に12.8%となるなど大幅に低下し、その後も低下傾向にあった。この割合は、老人保健法による一部負担の導入、健康保険法の改正による被保険者本人の一割負担導入により(昭和)58、59年度にかけてやや上昇し、(昭和)59年度には9.6%となっている ・患者負担分の割合の低下は、患者負担分が高額となる入院医療を中心として国民医療費の増大を招くこととなった。特に老人医療については、無料化によって患者負担が大きく軽減されたこともあって、(昭和)48年から老人保健法が施行される前の57年にかけ、70歳以上の入院推計患者数は2.26倍(70歳未満は1.08倍)、外来推計患者数は1.05倍(70歳未満は0.94倍)となるなど老人の医療へのアクセスを著しく高め、この間の国民医療費を増大させる大きな要因になったものと考えられる。また、(昭和)59年度の国民医療費が沈静化したのは、前にも触れたように、被用者本人一割負担導入によって、15歳から44歳までの年齢階層の受診率が低下したことがその要因と考えられる

		• 一部負担については老人と若い世代の負担の公平という観点	
昭和62（1987）年度版	• 国鉄分割・民営化 • バブル景気（1987〜91年）		
		• 我が国では、すべての国民が何らかの医療保険の対象となる国民皆保険の体制が、（昭和）36年4月より実施されている。医療保険制度を大きく分けると、被用者保険（被保険者は被用者自身であるが、この被用者に扶養される者も保険の対象である）と、一般地域住民を対象とした地域保険とになる	• 21世紀の本格的な高齢化社会に向かって、医療費保障システムを長期的に安定したものにしていくためには、医療保険制度における給付と負担を公平なものにしていく必要がある
昭和63（1988）年度版	• 消費税導入を柱とした税制改革6法が可決・成立		
		• 我が国では、すべての国民が何らかの医療保険の対象となる国民皆保険の体制が、（昭和）36年4月より実施されている。医療保険制度を大きく分けると、被用者保険（被保険者は被用者自身であるが、この被用者に扶養される者も保険の対象である）と、一般地域住民を対象とした地域保険とになる • （昭和）48年は「福祉元年」と呼ばれた年であり、大幅な給付改善が行われた。これにより、疾病、老齢、障害や扶養者の死亡などのリスクに対する生活基盤の安定が図られ、年金制度の成熟とともに社会保険制度は国民生活に確実に定着したものとなってきている。50年代に入ると、その後の産業構造の変化や今後の高齢化の進展を踏まえ、老人保健制度や基礎年金制度が導入され、また、健康保険制度や国民健康保険制度が改正されるなど制度の公平化・安定化を目指した再構築が行われている	• 今後、被用者保険と地域保険からなる現行の医療保険制度の基本的枠組みを維持しつつ、医療保険各制度間の給付と負担の公平化（一元化）を図るための措置を段階的に講ずることとしており、この場合、全体としての給付率をおおむね8割程度とすることを目標とするとともに、負担の水準も適正なものとする考えである • 老人保健制度については、（昭和）61年12月、老人医療費の負担の一層の公平化を図る等の観点から、一部負担の額や医療費に対する拠出金の算定の方法等の改正が行われたが、平成2年度までの間に制度全般を見直し、その安定化を図ることとしており、現在、老人保健審議会で検討されているところである
	• 消費税3％の導入 • 高齢者保健福祉推進10カ年戦略（ゴールドプラン）策定		

昭和64（1989）年度版	・我が国では、すべての国民が何らかの医療保険の対象となる**国民皆保険の体制**が、（昭和）36年4月より実施されている。医療保険制度を大きく分けると、被用者保険（被保険者は被用者自身であるが、この被用者に扶養される者も保険の対象である）と、一般地域住民を対象とした地域保険とになる ・健康づくりは、国民一人一人が「**自分の健康は自分で守る**」という自覚を持つことが基本	・今後予想される我が国の急速な人口高齢化、医療の高度化等を考えると、今後とも医療費の増加は避けられないものと予想される。このため、**良質な医療を安定的に供給していくためには、医療費の伸びを政策努力によって適正な水準にとどめ、国民の負担を過大なものとしないよう努めていかなければならない** ・今後とも、被用者保険と地域保険からなる現行の医療保険制度の基本的枠組みを維持しつつ、**医療保険各制度間の給付と負担の公平化（一元化）**を図るための措置を段階的に講ずることとしており、この場合、**全体としての給付率をおおむね8割程度**とすることを目標とするとともに、負担の水準も適正なものとする

出典：表1と同じ。　　注：太字は筆者。

5．1990 年代厚生白書

1）自立と参加、介護保険提起へ

　1990 年代白書は、前半と後半で論調に若干の変化が見られる。政界再編が 1990 年代に起こったことが要因とも考えられる。1993 年 6 月に 1955 年から 38 年間、実質的単独政権を維持してきた自民党が分裂し、衆議院の過半数の議席を失った。その直後（1993 年 7 月 25 日）の解散衆議員選挙で、自民党は 223 議席と過半数に届かず、社会党、新生党などの 8 会派が、非自民勢力・民主改革連合を組み、細川護熙を首班とする連立政権を樹立した。

　1990 年代を通して、白書では、療養の給付を「社会保険」というシステムで、なおかつ皆保険体制を実現したことの評価を行なっている。例えば、1990 年度版から 1995 年度版白書までは、「各個人の費用を集団的に負担するための仕組みとして、我が国においては社会保険方式による医療保険制度が設けられている」（1990 年度版白書）等の、ほぼ同様の文言で評価している。

　1996 年度版白書では、「1961（昭和 36）年に達成された国民皆保険制度を堅持しつつ、**国民一人ひとりに良質かつ適切な医療を提供してい**けるよう、制度を安定的に運営していくことが必要である」（1996 年度版白書）と、「**良質で適切**」な医療との修飾語を冠しているが、これは、翌 1997 年の健康保険法等の改正により被用者本人の 2 割負担への見直しを意識したものと思われる。つまり、13 年ぶりに 1 割負担からその倍への負担への不利益変更に際し、医療の「良質さ」を謳い国民を納得させたかった、と理解できる。

　また、「自立と参加」を強調した表現が見られるが、健康自己責任

を強調するための修飾語とも言える。1991年度版白書は、「『自立と参加』という考え方が重要」（1991年度版白書）として、「**壮年期からの健康づくりをはじめとして、自分自身の人生に主体的に責任を持って関わる**」（1991年度版白書）ことを求め、来たる高齢社会での国民本人の自立と参加が、展望を切り開くと見せたかったのであろう。白書は、「社会全体がこうした『自立と参加』を基調としたものになっていけば、高齢社会への展望が少しずつ見えてくる」（1991年度版白書）と強調している。

いわゆる壮年期の疾病予防に関しては、1957年2月の「成人病予防対策連絡協議会」（厚生省）で、脳卒中（脳血管疾患）、がん（悪性新生物）、心臓病（心疾患）などが壮年期に多発する重要疾患として「成人病」と呼称して以降、本格的に始まった。また、1935年当時は、感染症疾患死亡者が43.4％を占めて、片や成人病が24.7％であった。しかし、1955年には同割合が20.4％、47.2％と逆転するに至り、「成人病」対策を衛生行政の重点目標にしたとされている。

1996年12月、公衆衛生審議会は成人病に関して「生活習慣に着目した疾病対策の基本的方向性について」との意見具申（以下「公衆衛生意見具申」）[4]を政府に提出した。その中で、「成人病には疾病の発症や信仰に**個人の生活習慣が深く関与している**ことが明らかになってきている」（公衆衛生意見具申）ことから、「『加齢』という要素に着目して用いられてきた『成人病』を生活習慣という要素に着目してとらえ直して、今後の疾病対策の基本的方向性について検討」（公衆衛生意見具申）し、「生活習慣病」との概念の導入に踏み切った。

「生活習慣病」概念導入は、疾病に対する自己責任を問いやすいとの思惑が、公衆衛生意見具申から透けて見えてくる。「『成人病』という概念は、加齢という現象はやむを得ないもの」（公衆衛生意見具申）であるが、「成人病の発症には**生活習慣が深く関与している**ことが明らかになっており、これを改善することにより疾病の発症・進行が予防できるという認識を国民に醸成し、行動に結びつけていくためには、新たに、

生活習慣に着目した疾病概念を導入し、特に一次予防対策を強力に推進していくことが肝要」（公衆衛生意見具申）とし、疾病における、個人の責任、個人の習慣改善への努力不足により疾病を発症したとのレトリックを醸成しやすくなったと言える。

　1992年度版白書では、施設・病院から在宅サービスへのシフトを、初めて全面的に打ち出した。「来たるべき高齢社会に向けて、高齢者が可能な限り住み慣れた家庭や地域の中で生活できるようにしていくことが求められている。この点から、在宅サービスは、在宅の生活を支える最も基本的なサービスであり、これが個々の高齢者に対して適切に提供されることによって、初めて要介護老人の在宅生活は、生活の質を維持したものとなり、家族の負担も軽減される」（1992年度版白書）と、在宅サービスを充実し、それによって家族の負担も軽減されるとの見通しを示している。これは、1995年に提起される「介護保険」創設を意識して記載されたものと考えられる。

　事実、1992年には、既に厚生省内に老人保健福祉部長岡光序治（当時）を中心に部内勉強会「高齢者トータルプラン研究会」が設置され、社会保険方式の介護サービス給付を初めて提案した[5]。その後、1993年11月に、大臣官房審議官阿部正俊（当時）の下に「高齢者介護問題に関する省内検討プロジェクトチーム」が設置され、同チームは、介護保険の制度私案として、独立型介護保険制度方式と老人保健制度拡大保険方式を提案している[6]。

　1993年度版白書では、「厚生省では、平成5年11月、高齢者介護サービスの供給体制や費用負担のあり方を含めた総合的な検討を行うため、高齢者介護問題に関する省内検討プロジェクトチームを設置した。主な検討事項は、1）必要なサービスを総合的に提供できるような新たなシステムの構築、2）介護施策の充実に必要な財源の確保、3）サービス供給基盤の整備等である」として、介護保険の検討に入ったことを明記している。

1997年度版白書は、1995年社会保障審議会勧告の文言と近似する部分が多数存在する。例えば、「各人がそれぞれの**生活態様に応じ、基本的には自らの生活を自らの責任で維持することが基本**」（1997年度版白書）、「社会保障については、個人の力のみでは対処できない場合における安全網（セイフティネット）としての役割を明確にし、基礎的・基盤的な需要について公的な仕組みにより給付やサービスを保障する」（1997年度版白書）、「国民の多様な需要に対しては民間の仕組みで対応するなど公私の役割分担を明確にしていく」（1997年度版白書）、「**介護保険制度の導入は、福祉と医療に分かれている高齢者の介護に関する制度を再編成し、利用者本位の仕組みの創設、社会的入院の是正等を図るものであり、社会保障構造改革の第一歩となる**」（1997年度版白書）などである。また、これらの文言は、1998年度版白書にも、同様の記載がある。

　さて、1998年度版白書は、「社会保障の役割」を明記した最初の白書であるが、目的や機能も混在した記載で、極めて曖昧な表現ではあるが、1995年勧告の積極性を打ち出したかったとも見て取れる。具体的には、「広くすべての国民を対象に、疾病、加齢、失業等の生活の安定を脅かす危険から国民生活を守り、安定を図るもの」（1998年度版白書）、「**国民の安定した購買力を保障したり、新規産業や労働需要を創出することにより、経済の発展に寄与するという積極的な役割**」（1998年度版白書）としており、いわゆる生活安定機能、労働需要創出機能を解説したと理解できる。

　1999年度版白書では、社会保障の目的と機能を明確に分けている。このような表現を使用したのは、白書においては初めてである。社会保障の目的は、「生活の保障・安定」、「個人の自立支援」、「家庭機能の支援」と3つに分けて説明。社会保障の機能は、「社会的安全装置」、「所得再分配」、「リスク分散」、「社会の安定及び経済の安定」と4つに分けて説明している。

　また、1999年度版白書は、医療費増加を抑えるために、「**医療費の増

加を穏当なものにしていくかが、大きな課題となっている。これらの課題を克服し、21世紀の本格的な少子高齢社会においても、**信頼できる安定した医療保険制度を堅持していくためには、医療提供体制を含め、制度全般にわたる抜本的な改革を実現する**」(1999年度版白書)とし、極めて曖昧な「穏当」との単語を使用し、医療費削減へ向けての制度改正の決意を表明している。

2) 一部負担の当然視と利用者と非利用者間の負担公平論

1990年度版白書は、「国民医療費は、保険料・公費・患者負担によって賄われており、いずれにせよ**最終的には国民の負担に帰着するもの**」(1990年度版白書)と断定している。この論調は、「国民負担率」を解説する場合にも多用されるレトリックであるが、国民負担率は、国民所得に対する「租税負担と社会保険料負担」の合計額の比率を示すものである。

ただ、注意しなければならないのは、「国民」と冠されているが、「国民だけが負担している」訳ではない。租税にしろ、社会保険料にしろ、「企業負担」が含まれていることは、自明のことである。「国民医療費」も、同様のことが言えるにもかかわらず、あえて「最終的には国民の負担に帰着する」と、国民だけが負担するかのように断定し、白書を通して、国民に「危機を煽」っている。

また、「医者にかかると、患者は一部負担金等を支払うことになる」(1990年度版白書)と、「一部負担」の存在を当然視している。一部負担の是非を含めた議論すら許さない姿勢と受け取れる。

1991年以降の白書では、一部負担だけではなく、保険給付範囲の見直しを示唆している。「単に保険給付率にとどまらず、医療保険給付の範囲のあり方等についても検討していくことが求められている」(1991年度版白書)、「医療保険審議会が発足したところであり、**公的医療保険の**

役割、保険給付の範囲・内容、給付と負担の公平、医療費の規模及びその財源・負担のあり方、医療保険制度の枠組み及び保険者運営のあり方など幅広い観点から審議が行われている」（1992年度版白書）、「平成5年12月に、医療保険審議会から厚生大臣に対して、保険給付の範囲・内容の見直しに関する建議が行われ、付添看護・介護や在宅医療、あるいは入院時の食事や病室等について、これらを一体のものとして**保険給付のあり方を見直していくことが適当との指摘**」（1993年度版白書）と記述している。

その後、1994年の健康保険法等の改正により入院時食事療養費が新設され（1994年9月）、入院給食1日600円の定額負担が開始、定額負担部分は高額療養費支給制度からも外された。医療機関での給食は、治療の一環であることが当然であるにも関わらず、食材費の一部が保険給付から外されたことで、療養の給付が、「私的財＝商品」へ変質していくきっかけとなった。

1995年度版白書では、「一定割合（入院時の食事の費用については、一日当たり定額）の比較的小さな負担金を医療機関の窓口で支払う。これは、**医療サービスを受ける者と受けない者の間の負担の公平や被保険者の自己責任の喚起**といった観点から設けられている仕組みである」（1995年度版白書）であるとしている。また別の項では、「医療サービスに要する費用を保険というかたちで保障する場合、**サービスを利用する者とそうでない者の間の公平を図るとともに、医療費用を認識することにより健康への自己責任の自覚を促し、無制限な資源の利用を防ぐ**などのため、患者に費用の一部について負担を求める」（1995年度版白書）と、負担の公平、自己責任の自覚、モラルハザードを防ぐとの観点で論じられ、健康における基本的人権からは一切語られていない。

1996年度版白書も、「国民医療費は、社会保険制度によってその大部分が賄われているが、**受診する人とそうでない人の間の負担の公平を図るとともに、適正なコスト意識を喚起する**等の観点から、一定の自己負担が設けられている」（1996年度版白書）として、負担の公平、コスト

意識との観点から一部負担の必要性を説いている。翌年には、健康保険法等の改正で、被用者本人の一部負担が、1984年の1割負担の導入から13年ぶりに2割への倍増を控えて「負担の公平」、「コスト意識」を喚起したのであろう。

また、その方向性は、「老人医療費全体に占める自己負担の割合は約4％にすぎず、老人医療費の相当部分は現役の若年齢世代が負担しているという状況にあり、その負担は年々増加している。こうした状況を踏まえ、今後、**高齢者の医療については、受益に応じた負担を含め、高齢者に応分の負担を求める**という考え方について検討する」（1996年度版白書）と、高齢者へ向けられている。既に、1982年には老人保健法の制定で高齢者の療養の給付において一部負担（定額負担）が復活したにも関わらず、この時点で、あえて高齢者への応益負担（つまり定率負担）を強調しているのは、翌年に介護サービス利用時に1割自己負担を原則とする介護保険法の制定（2000年施行）を目指していたことから、医療においても介護保険と同様に定率負担を求める世論を形成することが目的であったといえよう。

1997年度以降の白書も、一部負担に関して、医療費の削減、コスト意識の喚起、負担の公平等を繰り返し主張している。1997年度版白書では、「サービス利用者（受益者）としての**自覚やサービス費用に対する意識（コスト意識）の喚起**」（1997年度版白書）、「老人の負担を軽減した一方で、『**病院のサロン化**』、『**はしご受診**』と呼ばれるような現象を助長」（1997年度版白書）、「利用者負担については、**サービスを利用する者としない者との負担の公平、サービス利用についての費用に対する意識の喚起**」（1997年度版白書）、などとしている。

また、2000年施行の介護保険に関し、「施設入所の食費負担については、**医療保険制度と同様に、在宅で生活している要介護者との負担の公平を図るため**、標準負担額（平均的な家計において負担する費用に相当する額）を設定して利用者の負担とする」（1997年度版白書）として、

既に1994年の健康保険法等の改正により入院時食事療養費が新設されていることを受け、介護保険に関しては、導入当初から入所者の「食費負担」を求める姿勢を明らかにしている。

　1998年度版白書でも、その主張は酷似している。「利用者負担については、サービス利用者（受益者）としての**自覚やサービス費用に対する意識（コスト意識）の喚起**を通じて制度の効率化をもたらす」（1998年度版白書）、「**高齢者世代と現役世代の間の均衡や、資産を持っている人と持っていない人との間の均衡**なども考慮しながら、**給付と負担の公平・公正を図っていく**」（1998年度版白書）などである。ここで注意しなければならないのは、「資産を持っている人と持っていない人との間の均衡」を打ち出したことである。これまでは、一部負担は、かかった医療費に対して、定額、あるいは収入に対して定率の負担を求めるとの考え方であったが、ここで初めて「資産」に着目したことである。もちろん、これは預貯金、不動産等を意味し、将来的に資産の多寡によっても負担を変える狙いであろう。

　加えて、同年度版白書は、一歩踏み込んだ発言をしている。「**受益と負担の均衡という観点から、その時々の情勢の下で国民的な選択が行われるべき課題**」（1998年度版白書）と、至極当然のことを述べているようにも見える。しかし一部負担の割合や額は、「時々の情勢」で変更でき、それは「国民的選択」だと強調はしているが、ポピュリズムを利用し結果的には政府のフリーハンドに委ねようとするものであり、この点からも、**一部負担の根拠は、極めて政策的判断であって、基本的人権からの視点は皆無と言って良い**。

　打って変わって、1999年度版白書は、シンプルに「**『同じ負担能力を持つ人は同じ負担』**ということを基本にして、種々の制度の負担方式を再検討する必要があろう」（1998年度版白書）と述べている。これは、取りも直さず、相対的に低負担とされる高齢者の一部負担を現役並みに押し上げたいとの意気込みを国民に示したものである。

第 2 章 白書に見る一部負担記述の変遷

表5 1990年代の厚生白書に見る医療保険と一部負担

	医療保険に関する記述	医療保険の一部負担に関する記述
平成2（1990）年度版	・老人福祉法等8法の改正（在宅サービスの推進） ・東西ドイツの統一	
	・けがや病気といった不測の事故に対して、その診療にかかった費用のすべてを診療を受けた個人が支払うとすると、その負担はその支払能力に比較して過大なものとなりやすい。そこで、このような各個人の費用を集団的に負担するための仕組みとして、我が国においては社会保険方式による医療保険制度が設けられている	・国民医療費は、保険料・公費・患者負担によって賄われており、いずれにせよ最終的には国民の負担に帰着するものであることから、医療費が歯止めなく膨張することは、国民に過度の負担を強いることになり、社会経済の活力の低下につながることが危ぐされる ・被保険者（保険の直接の対象）等は、保険者（国、健康保険組合、市区町村等）に対し、保険料を定期的に払い込む。医者にかかると、患者は一部負担金等を支払うことになる。医療機関は、その治療にかかった医療費から患者が支払った金額を差し引いた部分について、審査支払機関を通じて保険者に請求する
平成3（1991）年度版	・育児休業法制定 ・湾岸戦争勃発 ・ソビエト連邦崩壊	
	・けがや病気といった不測の事故に対して、その診療にかかった費用のすべてを診療を受けた個人が支払うとすると、その負担はその支払能力に比較して過大なものとなりやすい。そこで、このような各個人の費用を集団的に負担するための仕組みとして、我が国においては社会保険方式による医療保険制度が設けられている ・社会全体としては、高齢化と同時に進行している出生率の低下によって生産年齢人口の割合が減少することや、稼得世代においても比較的年配の方が多くなるということを念頭に置く必要がある。世代と世代の助	・現行の医療保険制度の基本的枠組を維持しつつ、給付と負担の適正化、公平化を進めることとし、健康保険本人1割負担導入、老人医療一部負担の適正化、老人医療や退職者医療の拠出金制度導入による負担調整、国民健康保険制度の財政安定化対策の推進等の改革が逐次実施されてきた ・給付と負担の適正化、公平化の具体的あり方、さらには医療保険制度の将来構想については、関係者の間に様々な考え方があり、今後とも引き続き幅広い観点からの検討が必要となっている。こうした検討を行うに当たっては、国民の生活水準が向

71

平成3（1991）年度版	け合いという社会連帯のあり方について、一層広範な理解を得る必要があるだろう ・個人の人生設計においては、生を得たからには、誰でも健やかで生きがいのある幸せな人生を全うすることが理想であろう。このような充実した人生を送るための鍵としては、ものの見方によりいろいろなものが考えられるが、一つの候補として、「自立と参加」という考え方が重要になるのではないだろうか。壮年期からの健康づくりをはじめとして、自分自身の人生に主体的に責任を持って関わることや、福祉活動や地域社会など自分の属する組織以外のことに関心を持ち、積極的に参加していくことは、自らの人生を実り多いものとするだ	上し、医療サービスに対する需要が多様化していることなどから、単に保険給付率にとどまらず、医療保険給付の範囲のあり方等についても検討していくことが求められている ・医療の基本的部分については、今後とも医療保険で対応することが必要であるが、病室の環境や食事等に代表されるいわゆるアメニティ部分については、国民の需要が多様化しているので、それを向上させるための費用負担や供給形態について見直しが必要となっている
	けでなく、社会を健全な方向に導くものである。そして、社会全体がこうした「自立と参加」を基調としたものになっていけば、高齢社会への展望が少しずつ見えてくるに違いない ・今後、高齢化の進展や医療技術の進歩に伴い、国民医療費が増大していくことは避けられない。しかし、今後とも、医療費の国民負担が過大なものとならないよう、医療費が社会経済の実態に見合ったものとなるように努めることと併せて、質の高い医療を効率的かつ安定的に供給できる医療保険制度を構築していくことが重要	
平成4（1992）年度版	・ロシア連邦の誕生 ・けがや病気といった不測の事故に対して、その診療にかかった費用のすべてを診療を受けた個人が支払うとすると、その負担はその支払能力に比較して過大なものとなりやすい。そこで、このような各個人の費用を集団的に負担するための仕組みとして、我が国においては社会保険方式による医療保険制度が設けられている ・来たるべき高齢社会に向けて、高齢者が可能な限り住み慣れた家庭や	・これまでも、給付と負担の適正化・公平化を進めることとし、健保本人1割負担導入、老人医療一部負担の引上げ、老人医療や退職者医療の拠出金制度導入による負担調整、国民健康保険制度の財政安定化対策の推進などの制度改革が逐次実施されてきた。しかし、給付と負担の適正化・公平化など、医療保険制度の将来構想については、関係者の間にさまざまな考え方がある。このため、

第 2 章　白書に見る一部負担記述の変遷

平成4(1992)年度版	地域の中で生活できるようにしていくことが求められている。この点から、在宅サービスは、在宅の生活を支える最も基本的なサービスであり、これが個々の高齢者に対して適切に提供されることによって、初めて要介護老人の在宅生活は、生活の質を維持したものとなり、家族の負担も軽減される ● 今後、高齢化の進展や医療技術の進歩等に伴い、国民医療費が増大することは避けられず、今後とも、医療費の国民負担が過大なものとならないよう、医療費が社会経済の実態に見合ったものとなるように努めることと併せて、質の高い医療を効率的かつ安定的に供給できる医療保険制度を構築していくことが重要	平成 4 年の健康保険法等の改正により、社会保険審議会が発展的に改組され、医療保険審議会が発足したところであり、公的医療保険の役割、保険給付の範囲・内容、給付と負担の公平、医療費の規模及びその財源・負担のあり方、医療保険制度の枠組み及び保険者運営のあり方など幅広い観点から審議が行われている
平成5(1993)年度版	● 短時間労働者の雇用管理の改善等に関する法律（パートタイム労働法）制定 ● 非自民・非共産連立細川護熙内閣発足（8月）	
	● けがや病気といった不測の事故に対して、その診療にかかった費用のすべてを診療を受けた個人が支払うとすると、その負担はその支払能力に比較して過大なものとなりやすい。そこで、このような各個人の費用を集団的に負担するための仕組みとして、我が国においては社会保険方式による医療保険制度が設けられている ● 従来高齢者の介護はともすれば家庭内で家族のみの負担の下に行われてきたきらいがあるが、介護を必要とする高齢者の増加、同居率の低下、女性の社会進出による家庭の介護力の低下により、子育てについてと同様、高齢者介護についても、社会的に援助する必要性が増大している ● （ドイツの介護保険制度）ドイツ	● 医療保険制度については、今後とも国民皆保険体制を維持しつつ、国民に良質かつ適切な医療を効率的かつ安定的に供給していく必要がある ● 我が国の医療をとりまく状況は、疾病構造が感染症中心から成人病中心に変化し、入院サービスにおける生活関連部分の比重が増大するとともに、国民生活水準の向上に伴い、医療サービスに対する国民のニーズは多様化、高度化してきている。一方、人口の高齢化等に伴い、今後とも医療や年金等社会保障に要する費用の増加が避けられない中で、国民の保険料等の負担を適度な範囲にとどめていくことが必要となっている。このような状況の中で、疾病リスクに対する経済的な不安の解消という医療保険の基本的な役割を果たしつつ、

73

平成5（1993）年度版	においては、要介護者が現在、全国で約165万人いると推計されており、今後とも高齢化の進展や家族規模の縮小等に伴って、介護ニーズや介護費用が増大するものと見込まれている。このため、1988年の「医療保険構造改革」により、医療保険の給付として在宅の重度介護者に対する給付が導入された • 厚生省では、平成5年11月、高齢者介護サービスの供給体制や費用負担のあり方を含めた総合的な検討を行うため、高齢者介護問題に関する省内検討プロジェクトチームを設置した。主な検討事項は、1）必要なサービスを総合的に提供できるような新たなシステムの構築、2）介護施策の充実に必要な財源の確保、3）サービス供給基盤の整備等である	サービスの質の向上や患者ニーズの多様化への対応という新たな課題にどのように対応していくかが重要となっている • このため、平成5年12月に、医療保険審議会から厚生大臣に対して、保険給付の範囲・内容の見直しに関する建議が行われ、付添看護・介護や在宅医療、あるいは入院時の食事や病室等について、これらを一体のものとして保険給付のあり方を見直していくことが適当との指摘がなされた • 医療保険における「給付と負担の公平」や国民健康保険制度のあり方等、残された課題についても、今後引き続き医療保険審議会において検討が進められることとなっている
平成6（1994）年	• エンゼルプラン制定 • 新ゴールドプラン制定 • 年金制度改革 • 高齢者雇用安定法改正（60歳定年義務化、65歳定年努力義務化） • 雇用保険法改正（高年齢雇用継続給付、育児休業給付創設） • 非自民・非共産連立羽田孜内閣発足（4月） • 非自民・非共産連立村山富市内閣発足（6月） • 発行されず	
平成7（1995）年度版	• 社会保障制度審議会勧告「社会保障体制の再構築」 • 阪神・淡路大震災 • 地下鉄サリン事件 • 医療サービスにはさまざまな性格があり、また技術論的な見方や経済的な見方などさまざまな見方がある。しかし、確かなのは、医療サービスが患者の肉体、精神に直接関与し、患者や家族の生活そのものにかかわるという点、一つの医療サービスにも専門家や薬などの材料、さらには種々の設備といった多くの人と	• 医療サービスの代金として医療機関に支払われる金額は、診療報酬体系に基づいて計算されるが、患者は医療機関において、老人患者の場合は1月（外来）ないし1日（入院）当たり一定額の、老人以外の患者の場合1回当たり診療報酬で計算された額の一定割合（入院時の食事の費用については、一日当たり定額）の

第2章　白書に見る一部負担記述の変遷

平成7(1995)年度版	資源がかかわる生産活動であるという点、そしてこうした**医療サービスの提供が医療保険制度を通じて国民全体で支えられている**という点である • 患者は、医療機関から医療サービスそのものを給付される仕組みとなっている。すなわち、一度自らの負担でサービス費用を全額負担してから、後で医療保険制度から償還を受けるという仕組みをとらず、**現物でサービスが提供されることから、現物給付制と呼ばれ、患者はサービスの確保について心配することがない**。なお、このためには、医療保険制度からサービスに応じた費用が医療機関に支払われている	比較的小さな負担金を医療機関の窓口で支払う。これは、医療サービスを受ける者と受けない者の間の負担の公平や被保険者の自己責任の喚起といった観点から設けられている仕組みである • 医療サービスに要する費用を保険というかたちで保障する場合、サービスを利用する者とそうでない者の間の公平を図るとともに、**医療費用を認識することにより健康への自己責任の自覚を促し、無制限な資源の利用を防ぐなどのため、患者に費用の一部について負担を求めることが多い** • 医療保険の給付については、例えば、健保の被保険者本人が9割（1割が患者負担）、国保については7割（3割が患者負担）とされているなど、医療保険の各制度間で給付率が異なっている。また、保険料負担についても、被用者保険と国保との間で、国保に低所得者が多く、所得
	の形態が異なっている中で、**保険料負担に格差があること**などが指摘されているほか、特に国保制度内部においては、地域差などを含め、保険者間での保険料負担の格差が指摘されている。こうした医療保険制度における給付と負担の格差については、被保険者による相互扶助である保険制度をとる以上、保険集団間の格差がある程度容認されるべきものとの考え方もあるが、すべての国民がいずれかの保険に強制的に加入することとされている国民皆保険制度の下では、その格差をできるだけ是正して、給付と負担の公平を図って行くことが必要である	
平成8(1996)年度版	• **自民党政権復活、橋本龍太郎内閣発足（1月）**	
	• 我が国の経済を取り巻く環境は大きく変化し、今後これまでのような経済成長は望めない状況となっている。一方において人口の高齢化は、先進諸国の中でも例をみない速さで進むものと予想されており、同時に国民の医療に対するニーズは高度化	• 昭和40年代後半になると、経済成長の成果を国民福祉の充実に還元しようとする動きが高まり、1973（昭和48）年には、「福祉元年」として社会保障制度全般にわたる給付の改善が行われた。医療保険制度においては、健康保険の被扶養者の給付率が

平成8（1996）年度版	し、多様化している。そういった中で、今後とも、1961（昭和36）年に達成された国民皆保険制度を堅持しつつ、国民一人ひとりに良質かつ適切な医療を提供していけるよう、制度を安定的に運営していくことが必要である	7割に引き上げられるとともに、医療費の自己負担を一定額（当時3万円）に抑える高額療養費制度が導入された。また、老人福祉法による老人医療費支給制度が創設され、70歳以上の高齢者に係る医療費の自己負担が無料化された ● 医療保険制度においては、まず1982（昭和57）年に老人保健法が制定された。成人病時代に対応し、疾病の予防から機能訓練に至る保健事業を総合的に推進するとともに、適正受診を図る観点から、老人の定額一部負担が導入され、同時に、老人医療費に係る各医療保険制度間での負担の不均衡を解消、老人医療費を全国民で公平に負担するため、医療保険の各保険者の共同事業という構成で老人医療費拠出金を拠出する仕組みが導入された。さらに、1984（昭和59）年には健康保険制度が改正され、サラリーマンたる被保険者本人に1割の自己負担を求めるとともに、定年等でサラリーマンを退職した者が老人保健法の適用を受ける年齢（原則70歳）に達するまでの間、その給付率が大きく下がらないようにし、その医療費を保険料と被用者保険の保険者からの拠出金で賄う退職者医療制度が導入された。併せて、国民健康保険の国庫負担の合理化が図られた ● 昭和60年代になると、我が国の高齢化率は10％を超えるようになり、また、国民の老親扶養に関する意識が大きく変わりつつあった。核家族は定着しつつあり、女性の社会進出が進む中で、家族の扶助機能は、実際上も、意識の上でも弱まりつつあった。（中略）また、老人保健制度によって、男女を問わず、70歳以上になればすべての国民が等しい自己負担で医療が受けられるようになった ● 老人保健制度の対象者（原則70歳以上）については、外来1か月1,020円、入院1日710円（別に食事に係る標準負担額原則1日600円）を自己負担するという定額負担の仕組みがとられているため、老人医療費全体に占める自己負担の割合は約4％にすぎず、老人医療費の相当部分は現役の若年齢世代が負担しているという状況にあり、その負担は年々増加している。こう

第 2 章　白書に見る一部負担記述の変遷

年度版			
平成8（1996）年度版		した状況を踏まえ、今後、高齢者の医療については、受益に応じた負担を含め、高齢者に応分の負担を求めるという考え方について検討する必要がある ●国民医療費は、社会保険制度によってその大部分が賄われているが、受診する人とそうでない人の間の負担の公平を図るとともに、適正なコスト意識を喚起する等の観点から、一定の自己負担が設けられている。 ●「中間取りまとめ」では、健康保険法の本則上8割とされている被用者保険の本人給付率の問題や制度を通じた給付率の統一に関する問題についても検討すべきことが指摘されており、その際には、㋐適正な自己負担による患者のコスト意識の涵養、㋑給付の重要度や必要度に応じた負担のあり方および、㋒必要な受診が抑制されないことに留意しつつ、保険料負担や財政への影響等を含め幅広く検討することが必要とされている	
平成9（1997）年度版	●介護保険法可決・成立 ●健康保険法等改正法可決・成立（被用者保険一部負担を見直し） ●消費税5%		
	●我が国の社会保障制度は、1961（昭和36）年に達成された国民皆保険・皆年金体制を基軸として、今日までその充実が図られてきた。その結果、国民は誰もが病気になっても被保険者証を医療機関の窓口で示し一定の自己負担を支払えば治療を受けることができ、また老後に受け取る年金額も他の先進諸国と比べひけをとらない水準となっている ●今日の成熟した社会・経済においては、各人がそれぞれの生活態様に応じ、基本的には自らの生活を自らの責任で維持することが基本となる。したがって、社会保障については、個人の力のみでは対処できない場合における安全網（セイフティネット）としての役割を明確にし、基礎的・基盤的な需要について公的な仕組みにより給付やサービスを保障するとともに、国民の多様な需要に対しては民間の仕組みで対応するなど公私の役	●社会保障サービスにおける利用者負担については、サービス利用者（受益者）としての自覚やサービス費用に対する意識（コスト意識）の喚起を通じて制度の効率化をもたらすという機能がある ●1973（昭和48）年、一定の所得水準以下の70歳以上の高齢者を対象に医療費が無料化された。しかし、これは老人の負担を軽減した一方で、「病院のサロン化」、「はしご受診」と呼ばれるような現象を助長したと批判がなされるとともに、社会的入院の問題等により老人医療費の急増をもたらすこととなった ●利用者負担については、サービスを利用する者としない者との負担の公平、サービス利用についての費用に対する意識の喚起等の観点から、1割の利用者負担が設けられている。また、施設入所の食費負担については、医療保険制度と同様に、在宅で	

平成9（1997）年度版	割分担を明確にしていくことが課題となっている • 介護保険制度の創設に向け、これまで検討が進められてきたが、1996（平成8）年11月に介護保険法案が国会に提出され、現在国会で審議が続けられている。介護保険制度の導入は、福祉と医療に分かれている高齢者の介護に関する制度を再編成し、利用者本位の仕組みの創設、社会的入院の是正等を図るものであり、社会保障構造改革の第一歩となるものである	生活している要介護者との負担の公平を図るため、標準負担額（平均的な家計において負担する費用に相当する額）を設定して利用者の負担とする • 医療費の効率化を図りつつも、受益と負担の公平の観点からの患者負担の見直し、民間医療保険の活用等も含めた公的医療保険の守備範囲の見直しが求められている
平成10（1998）年度版	• 社会民主党の橋本内閣閣外協力解消（5月） • 非営利活動促進法（NPO法）施行	
	• 我が国では1961（昭和36）年に国民皆保険制度が実現し、以来、30年以上が経過している。その間、国民一人一人がいつでもどこでも等しく質の高い医療が受けられるよう、質・量両面において向上が図られてきた。しかしこの間、医療保険をとりまく環境は大きく変化してきており、とりわけ近年においては、経済基調の変化により保険料収入が伸び悩んでいる中で医療費は増大を続け、このまま少子・高齢化が進むと現役世代の負担がますます過重になり、医療保険制度そのものが崩壊することにもなりかねない状況となっている。21世紀の本格的な少子・高齢社会において、すべての国民が安心して良質な医療サービスを受けることができるような国民皆保険制度を維持し、次世代へ受け継ぐためにも、医療保険制度と医療提供体制の両面にわたる抜本改革の実現が急務となっている	• 社会保障サービスにおける利用者負担については、サービス利用者（受益者）としての自覚やサービス費用に対する意識（コスト意識）の喚起を通じて制度の効率化をもたらすという機能がある • 今後の高齢化の進行等に伴い、社会保障に係る負担は相当程度上昇していかざるを得ないと見込まれるが、国民負担率のあり方については、最終的には国民が必要とする公共支出の水準と表裏をなすものであり、受益と負担の均衡という観点から、その時々の情勢の下で国民的な選択が行われるべき課題である • 高齢者の最近の経済状況も踏まえ、高齢者世代と現役世代の間の均衡や、資産を持っている人と持っていない人との間の均衡なども考慮しながら、給付と負担の公平・公正を図っていくことが必要である
	• 社会保障の役割は、その初期においては主に貧困に陥っている人々を救済することにあったが、国民の生活水準の向上等に伴い社会保障に求められる役割も変化	

第 2 章 白書に見る一部負担記述の変遷

平成10（1998）年度版	してきており、今日では、広くすべての国民を対象に、疾病、加齢、失業等の生活の安定を脅かす危険から国民生活を守り、安定を図るものとなっている。また、社会保障は、国民の安定した購買力を保障したり、新規産業や労働需要を創出することにより、経済の発展に寄与するという積極的な役割も果たしている ● 今日の成熟した社会・経済においては、各人がそれぞれの生活態様に応じ、基本的には自らの生活を自らの責任で維持することが基本となる。したがって、社会保障については、個人の力のみでは対処できない場合における安全網（セイフティネット）としての役割を明確にし、基礎的・基盤的な需要について公的な仕組みにより給付やサービスを保障するとともに、国民の多様な需要に対しては民間の仕組みで対応するなど公私の役割分担を明確にしていくことが課題となっている ● 介護保険制度は、これらの両制度（医療保険と介護保険）を再編成し、国民の共同連帯の理念に基づき、給付と負担の関係が明確な社会保険方式により社会全体で介護を支える新たな仕組みを創設し、利用者の選択により保健・医療・福祉にわたる介護サービスが総合的に利用できるようにしようとするものである。また、介護保険制度の創設は、介護を医療保険から切り離すとともに、医療については、治療という目的にふさわしい制度として、医療提供体制を含む総合的かつ抜本的な医療制度の改革を実施する前提をつくるなど、社会保障構造改革の第一歩として位置づけられる	
平成11（1999）年度版	● 労働者派遣法改正（派遣事業の原則自由化） ● 世界高齢者年 ● 介護保険法一部施行（1999年10月より保険料徴収開始）	
	●（社会保障の目的）生活の保障・生活の安定：社会保障の目的は、広く国民全体を対象にして、生活の安定が損なわれたときに、あるいはこうした事態の発生を予防するために、社会保障制度の仕組みを通じて対応し、健やかで安心できる生活を保障することにある。（中略）社会保障が国民生活の保障を目的にしているといっても、無条件で生活を保障するものではない。自由経済社会におい	● 社会保障給付に対する高齢者と現役世代の負担の関係についていえば、高齢世代が増大し、相対的に現役世代が減少していく21世紀においては、「同じ負担能力を持つ人は同じ負担」ということを基本にして、種々の制度の負担方式を再検討する必要があろう

平成11(1999)年度版

ては、生活の維持・管理は、基本的には個々人の責任と努力に委ねられている
- （社会保障の目的）**個人の自立支援**：自立という言葉の意味は、一般的には、他からの援助や支配を受けないで独立した生活を営むこと、身体に障害をもちながらも他人の介助に依存しないで独立した生活を営むこと、あるいは他人の介助が必要であっても精神的に独立した生活を営むことなどをいう。（中略）例えば、生活保護制度は、生活に困窮するすべての国民に対してその最低限度の生活保障と自立助長を図ることを目的としている。ここでいう自立とは、単に公的扶助を受けないということだけではなく、**その人が持っている能力を引き出して、その能力にふさわしい状態において社会に適応した生活を営むことを意味している**
- （社会保障の目的）**家庭機能の支援**：保育に欠ける状態の子どもの育児や障害（児）者の介護、子どもや高齢の親の扶養等、かつては家族や親族の私的扶養で対応してきたものを、社会的な仕組みで外部化し、代替してきているものがある
- （社会保障の機能）**社会的安全装置**：社会保障は、病気や負傷、介護、失業や稼得能力を喪失した高齢期、不測の事故による障害など、生活の安定を損なう様々な事態に対して、**生活の安定を図り、安心をもたらすための社会的な安全装置（社会的セーフティネット）の役割がある**
- （社会保障の機能）**所得再分配**：所得再分配とは、こうした市場経済に任せていては社会的公正が確保されない状態に対して、租税制度や社会保障制度を通じて、**所得を個人や世帯の間で移転させることにより、所得格差を縮小したり、低所得者の生活の安定を図ったりすること**等の効果がある。具体的には、異なる所得階層間で、高所得層から資金を調達して、低所得層へその資金を移転したり、あるいは同一所得階層内で、稼得能力がある人々から稼得能力のなくなった人々へ所得を移転したりすることが、所得再分配である。なお、所得再分配には、金銭の移転ばかりではなく、医療サービスや保育サービス等の現物給付を通じての再分配もある
- （社会保障の機能）**リスク分散**：自立した個人が自己責任の下に行動することが社会の原則であるが、往々にして疾病や事故、失業など予測しがたい、あるいは個人の力のみでは対応しがたい事態が起きることがあ

第 2 章　白書に見る一部負担記述の変遷

<table>
<tr><td rowspan="2">平成11（1999）年度版</td><td>る。こうした生活上の不確実な危険（リスク）に対して、**社会保障は、社会全体でリスクに対応する仕組みをつくることにより、実際にそうした状態になったときに、資金の提供等を通じてリスクがもたらす影響を極力小さくするというリスク分散機能**を持っている
● （社会保障の機能）社会の安定及び経済の安定・成長：社会保障は、生活に安心感を与えたり、実際に生活困難な状態になった場合に救済したり、**所得格差を解消する所得再分配機能**があることなどから、社会や政治を安定化させる機能を持つ
● 1961 年（昭和 36）年の国民皆保険制度が実現してから、40 年近くが経過した。その間、**患者による医療機関の自由選択（フリーアクセス）の確保とともに、医療保険制度の充実によって、国民一人一人が等しく質の高い医療が受けられるようになったことは、我が国の誇りうる成果**である。しかし、近年、急速な人口の高齢化や医療の高度化等により、医療費が増加する一方で、経済基調の変化に伴い、医療費の伸びと経済成長との間の不均衡が拡大してきている。今後の我が国の経済については、かつてのような高成長は期待し難く、このような不均衡が拡大していくと、**医療費を賄うための国民の負担、特に若年世代の負担が高まり、国民皆保険制度そのものに対する信頼が失われるおそれ**もある。また、就業構造や社会構造の変化に伴って、各医療保険制度の加入者の構成も大きく変化してきている。制度間の加入者構成の違いを踏まえながら、今後、高齢化に伴い増加していく老人医療費をどのように公平に負担し合っていくのか、また、どのように医療費の増加を穏当なものにしていくかが、大きな課題となっている。これらの課題を克服し、21 世紀の本格的な少子高齢社会においても、**信頼できる安定した医療保険制度を堅持**していくためには、医療提供体制を含め、制度全般にわたる抜本的な改革を実現することが必要である
● 介護保険制度の創設により、給付と負担の関係がわかりやすい社会保険の仕組みとすることにより、増加する費用を社会全体の連帯によって、安定的に賄うことができるようにする。また、施設入所者はこのほかに、食事の提供に係る費用のうち家計における平均的な食費の額と日常生活費を負担することになる</td></tr>
</table>

出典：表 1 と同じ。　　注：太字は筆者。

6．2000 年代厚生労働白書

1）高齢化社会の進展と社会保障における「目的」の欠落

　厚生省と労働省が、2001 年に省庁再編で「厚生労働省」となり、2001 年度版より「厚生労働白書」と名称の変更があった。ただ、2000 年度版白書は旧来通り「厚生白書」として発行された。

　さて、2000 年代の厚生労働白書は、皆保険体制を評価している。例えば、「我が国は全国一本の診療報酬のもと、**被保険者証一枚でどの医療機関に行っても平等に診療を受けることができるという、優れて平等性の高い制度を維持してきた**」（2000 年度版白書）、「公的な医療保険制度に加入し、いつでも必要な医療を受けることができる国民皆保険制度を採用している」（2003 年度版白書、2004 年度版白書、2005 年度版白書、2006 年度版白書）、「国民が、いずれかの公的医療保険制度に加入し、保険料を納め、医療機関で**被保険者証を提示することにより、一定の自己負担で必要な医療を受けることが可能**」（2007 年度版白書）、「**国民皆保険制度とフリーアクセスの下で、国民が必要な医療を受けることができるよう整備が進められ、国民の健康を確保するための重要な基盤**」（2008 年度版白書、2009 年度版白書）、であるとしている。

　一方で、この国民皆保険制度が、高齢化と相まって医療費を高騰させたとも指摘している。「医療保険制度は、**保険料や公費、患者負担を財源として**、これまでその内容や給付の水準を充実させてきたが、現在高齢化の進展に伴って、老人医療費を始めとする医療費の増加に直面」（2000 年度版白書）、「急速な高齢化の進展等により、我が国の国民医療費は年々増大し、今では国民所得の 8％ 程度の規模になっている」（2001 年度版白書）、「世界的にも例を見ない急速な高齢化が進展し、老

人医療費を始めとする医療費が年々増大しているが、**医療費をまかなう主たる財源である保険料は、厳しい経済環境の下で伸び悩んでおり、医療保険財政は極めて厳しい状況にある**」(2004年度版白書、2005年度版白書)。

　また、医療費を適正化するために、「増加し続ける老人医療費を適正化し、国民が納得して公平に負担することのできる制度をどのように再構築していくかが、大きな課題」(2000年度版白書)、「国民の安心の基盤である医療制度を将来にわたり揺るぎない持続可能なものへと再構築していく」(2005年度版白書) と、公平な負担との文言で、国民の負担を求めている。

　2007年度版白書は、その点を幾分具体的に記述している。「**医療費の適正化や財源の在り方も含め、給付（保険給付の内容・範囲、診療報酬等）と負担（保険料負担、公費負担（税財源）、患者自己負担等）の在り方等について議論**」(2007年度版白書)。また、2009年度版白書は、「**医療を特に必要とする高齢者への適切な医療を確保するためには、給付の効率化を図り、医療費の適正化を進めていく**」と、特に高齢者に焦点を当て、効率化・適正化の名の下、給付制限、医療費削減を匂わせている。

　さて、2000年代は、その期間の約半分が小泉純一郎政権 (2001年4月〜2006年9月) と重複し、社会保障関連分野の大幅な改悪を成し遂げている。具体的には、健康保険法改正 (2002年) により医療保険全般での3割負担での統一、労働者派遣法改正 (2003年) により26業種の専門的業種以外の業務派遣の拡大、年金制度改革 (2004年) によりマクロスライドの導入、介護保険法改正 (2005年) により介護保険施設における食事の提供に要した費用を、施設介護サービス費の対象から外し自己負担化、障害者自立支援法 (2005年) によりサービス利用時の定率1割の応益負担の導入、医療制度改革 (2005年) により医療費適正化、および高齢者の独立型医療保険としての後期高齢者医療制度の導入、などである。しかし、意外にもこの間の白書は、先に示した通り、国民皆保険制度の評価と医療費が高騰した事実を列挙したに留まっている。

しかし、2006年度版白書からは、「**我が国の社会保障は、自助、共助、公助の組み合わせにより形作られている**」（2006年度版白書）と、今日まで学問的に積み上げられてきた「権利としての社会保障」から大きく後退する方向を示している。

　ここで言う社会保障は、「人は働いて生活の糧を得、その健康を自ら維持していこうと思うことを出発点とする。このような**自助**を基本に、**これを補完するものとして社会保険制度など生活のリスクを相互に分散する共助**があり、その上で自助や共助では対応できない困窮などの状況に対し、**所得や生活水準、家庭状況などの受給要件を定めた上で必要な生活保障を行う公助**があると位置づけられる」（2006年度版白書）として、社会保障を3層構造で捉えている。つまり、社会保障における公的責任は、ここでは「公助」にしか及ばず、「社会保険」は埒外（らちがい）とも取れ、社会保障概念の大幅な後退を宣言したにも等しい。

　ただ、2006年度版白書では、自助、共助を具体的に示しているにも関わらず、「公助」に関しては、「受給要件を定めた上で必要な生活保障を行う」とだけ説明し、何を意味するのかが曖昧である。しかし、2008年度版白書では、一歩踏み込んだ形で説明している。公助は、「公的扶助（生活保護）や社会福祉など」（2008年度版白書）としている。

　この点からも窺えるように、2006年度版白書や2008年度版白書は、社会保障における公的責任を捨象するだけに止まらず、実質的に社会保障として機能するのは「生活保護と社会福祉」だとしており、この考え方は今日にも引き継がれていると理解できる。

　また、1998年度版白書で初めて独立した形で、社会保障の機能を説明していたが、2008年度版白書においても詳述している。具体的には、その機能を3つに分けて説明している。第一は、「生活の安定を図り、安心をもたらす**生活安定・向上機能**」（2008年度版白書）、第二には、「所得を個人や世帯の間で移転させることにより、国民の生活の安定を図る**所得再分配機能**」（2008年度版白書）、第三には、「**経済安定機能**、すな

わち景気変動を緩和する機能や、経済成長を支えていく機能」(2008 年度版白書) である。この記載は、1999 年度版白書が、社会保障の目的は、「生活の保障・安定」、「個人の自立支援」、「家庭機能の支援」があり、社会保障の機能は、「社会的安全装置」、「所得再分配」、「リスク分散」、「社会の安定及び経済の安定」としている部分を、概念整理したものと考えられる。

　しかし、1998 年度版の説明を単に整理しただけであろうか。2008 年度版においては、「目的」がすっぽり抜け落ち、3 つの機能に集約されている。目的と機能は、ほぼ同じ概念であるかのように思われがちであるが、そもそも全く違う。大辞林（第三版）によれば、「目的」は、「実現しよう、到達しようとして目指す事柄」であり、機能は、「ある物事に備わっている働き。器官・機械などで、相互に関連し合って全体を構成する個々の各部分が、全体の中で担っている固有の役割」である。つまり、社会保障の目的は、目指すべきゴールを示したものであるし、ゴールを達成するには、国が法律等で社会保障の充実する義務も生じることになる。しかし、「機能」との役割に特化すれば、「役割がある」ことを示すだけで、それが達成されるかどうかは、基本的には問う必要すらなくなる。

　以上の点を勘案すれば、2008 年度版白書が、あえて「社会保障の目的」を捨象した真の狙いが見えてくる。

2)「一部負担」から「患者負担」、「自己負担」に変化

　すでに、1990 年代の白書より、「一部負担」との文言は使われなくなっていたが、2000 年代になりその傾向は徹底され、「患者負担」、「自己負担」との文言に置き換えられた。

　2000 年度版白書は、「厚生白書」としては、最後の白書となり、老人医療無料化の総括を行っている。その内容は、1997 年度版白書とほ

ぼ同様の記述である。老人医療の無料化により、「行過ぎた受診を招きやすい結果ともなり、必要以上に受診が増えて病院の待合室がサロン化した」（2000年度版白書）、「高齢者の薬漬け、点滴漬けの医療を助長した」、「この制度導入後の高齢化の進展もあいまって、老人医療費は著しく増大し、各医療保険の財政を圧迫した」（2000年度版白書）、「『社会的入院』を助長している」（2000年度版白書）などである。もちろん、2000年が介護保険施行の年であり、それを意識したことは否めない。

　また、2002年度版白書では、「医療保険制度については、給付率を7割で統一するなど、各制度・世代を通じた給付と負担の公平を図るとともに、保険者の統合・再編成や規模の拡大など運営基盤を強化しつつ、持続可能で安定的な制度を構築する」（2002年度版白書）と示したが、これは2002年の健康保険法等の改正による医療保険の3割一部負担の統一を指したものである。

　2003年度版白書では、「高齢者についても経済的能力に応じた負担をお願いすることとし、70歳以上の者の自己負担を原則として定率一割負担とした（2002（平成14）年10月実施）」（2003年度版白書）と述べている。これは2000年の老人保健法改正をさすが、当然、2000年施行の介護保険法による「1割負担」との整合性を図ったものと考えられる。

　2004年度版白書以降は、医療サービスにおける負担との見合いで「良質」との文言が加わってくる。「給付の平等、負担の公平を図るとともに、良質で効率的な医療サービスを確保していくことを基本的な考え方」（2004年度版白書、2005年度版白書）だとしている。言下には、良質な医療サービスを欲すれば負担との見返りである、との国の主張が見えてくる。

　そのような中、2007年度版白書は、一部負担に関して、一部負担の引き上げだけでは医療費の適正化はできないとの具体的主張を開始する。「近年の医療保険制度の改正においては、医療費適正化のために、

患者自己負担の引上げが繰り返し行われてきた。しかしながら、それぞれの患者自己負担引上げによる医療費の伸びの抑制効果については、患者自己負担の引上げを実施した当初には患者サイドにコスト意識が働くことにより、その受療行動が変化して、医療費の伸びが抑制されるものであり、その効果は経験則上 1 年程度しかないことに留意する必要がある」(2007年度版白書)。

　この主張は、自己負担の引き上げと「保険給付範囲の縮小」をセットで行うことを意図している。実際、「介護保険法の改正により、2005（平成 17）年 10 月から介護保険においては、食費・居住費が給付対象外とされたことを踏まえ、医療保険においても食費・居住費の負担の見直しを進め、医療保険適用の療養病床に入院している 70 歳以上の高齢者については、**介護保険との負担の均衡を図るため、2006 年 10 月から食費・居住費の負担引上げが行われた**」(2007 年度版白書) ことを見ると、残念ながら、今後も一部負担と保険給付範囲の縮小はセットで行われると考えるべきである。

　保険給付範囲の縮小は、混合診療への道程とも重なる。日本では「混合診療」は基本的には認められていないが、1984 年の健康保険法改正で、被保険者が特定のルールの下で、保険適用外のサービスを受けた際、保険外診療と併用を認める「特定療養費制度」が実施された。その後、2006 年 10 月には、同制度に代わり健康保険法等改正により「保険外併用療養費」が導入され「評価療養」と「選定療養」に再編された。「評価療養」は、近い将来保険適用を目指す療養、「選定療養」は、保険者の選定によりそもそも保険適用外（例えば室料差額、病院給食等（一部）を指す）等を、保険給付と併用できるものである。この制度は、保険給付の縮小とセットだと見るべきである。

　国民医療費の伸びを抑える手法として注目されたのが、生活習慣病の予防と入院日数の削減である。2009 年度版白書は、「中長期的な医療費適正化対策として**生活習慣病の予防や平均在院日数の短縮**（長期入

院の是正のための療養病床の再編成等）の取組みを計画的に進める」（2009年度版白書）としている。

　生活習慣病の予防は、1998年10月、厚生省内に「健康日本21企画検討会」が設置され、本格的に検討が始まった。具体的には、同検討会報告を受け2000年4月から厚生省事務次官（2001年1月より「厚生労働省事務次官」）を推進本部長、保険医療局長を副本部長とする「健康日本21運動」を開始した。2000年から2012年までが「健康日本21（21世紀における国民健康づくり運動）」、現在、2013年から2022年までは「健康日本21（21世紀における第2次国民健康づくり運動）」として推進している。

　健康日本21[7]は、その趣旨で「健康を実現することは、元来、個人の健康観に基づき、一人一人が主体的に取り組む課題であるが、個人による健康の実現には、こうした個人の力と併せて、社会全体としても、**個人の主体的な健康づくりを支援**」（健康日本21）するとし、あくまでも、健康における個人責任を前提とした運動の展開を中心としている。また、基本方針では、「人口の高齢化の進展に伴い、**疾病の治療や介護に係る社会的負担が過大**となることが予想されているので、従来の疾病対策の中心であった健診による早期発見又は治療にとどまることなく、健康を増進し、疾病の発病を予防する『一次予防』に一層の重点を置いた対策を推進する」とし、国民医療費や介護給付費が過大となるとして、「予防」を重点に社会的負担を削減していく方向を示した。

第 2 章　白書に見る一部負担記述の変遷

表6　2000年代の厚生労働白書に見る医療保険と一部負担

	医療保険に関する記述	医療保険の一部負担に関する記述
平成12（2000）年度版	・介護保険法全面施行（2000年4月） ・医療法改正（病床区分の導入） ・社会福祉事業法、社会福祉法へ改題	
	・我が国の医療保険制度は、1922（大正11）年に制定された健康保険法をもとに始まり、以後、1938（昭和13）年の旧国民健康保険法の制定、職員健康保険、船員保険の創設などを経て、戦後、1961（昭和36）年に全市町村において国民健康保険事業が開始されたことにより、国民皆保険制度が実現するに至った。全国民が公的医療保険に強制加入し、必要な医療を保障される国民皆保険制度は、我が国の医療保険制度の大きな特徴である。国民皆保険制度によって、我が国は全国一本の診療報酬のもと、被保険者証一枚でどの医療機関に行っても平等に診療を受けることができるという、優れて平等性の高い制度を維持してきた。一方、医療保険制度は、保険料や公費、患者負担を財源として、これまでその内容や給付の水準を充実させてきたが、現在高齢化の進展に伴って、**老人医療費を始めとする医療費の増加に直面している**。また、老人医療費が増加するにつれ、現役世代から高齢者への世代間移転という面が強くなってきている。**増加し続ける老人医療費を適正化し、国民が納得して公平に負担することのできる制度をどのように再構築していくかが、大きな課題となっている**	・（老人医療費無料化の効果）この制度により、経済的理由から高齢者の受診が抑制されることがなくなり、高齢者は受診しやすくなった。その反面、ややもすると健康への自覚を弱め、行過ぎた受診を招きやすい結果ともなり、必要以上に受診が増えて病院の待合室がサロン化した、あるいは、高齢者の薬漬け、点滴漬けの医療を助長した、との問題も指摘されるようになった。また、この制度導入後の高齢化の進展もあいまって、老人医療費は著しく増大し、各医療保険の財政を圧迫した。その一方で、介護サービスを必要とする高齢者が、家庭や福祉施設に受け皿がないために病院への入院を余儀なくされたり、あるいは福祉施設との費用負担の格差や手続きの容易さから入院を選択するという、いわゆる「社会的入院」を助長しているとの指摘がなされるようになった。疾病の治療を中心とする医療サービスの枠組みの中だけでは、高齢者の能力の維持・向上を図るとともにその生活全体を支援する看護や介護のニーズを十分カバーできない点や、また、医療の側にとっても、限られた資源が医療本来の機能のために有効に使われていないという点で、課題を抱えていた ・高齢者の医療費の負担の公平化と壮年期からの総合的な保健対策による高齢者の健康の確保を目指して、老人保健法が1982（昭和57）年に制定された

89

平成12（2000）年度版		・医療保険制度は、保険料や公費、患者負担を財源として、これまでその内容や給付の水準を充実させてきたが、現在高齢化の進展に伴って、老人医療費を始めとする医療費の増加に直面している。また、老人医療費が増加するにつれ、現役世代から高齢者への世代間移転という面が強くなってきている。増加し続ける老人医療費を適正化し、国民が納得して公平に負担することのできる制度をどのように再構築していくかが、大きな課題 ・厚生省では、一貫して医療制度の抜本改革に取り組んできており、1997（平成9）年6月には、制度の抜本改革に取り組むことを前提として、当面の医療保険制度の運営を安定させるとともに、薬剤使用の適正化を図るため、患者負担の引き上げや薬剤一部負担の導入等を内容とする健康保険法等の一部改正を行った
平成13（2001）年度版	・厚生労働省発足（2001年1月）	
	・我が国の保健医療水準は世界でも最高水準にあるものの、近年、医療をとりまく環境の変化により、医療の質の向上、医療提供体制の効率化、医療保険の財政安定化のための改革など、医療政策を総合的に実施していくことが求められている ・個人が社会の中で生活していく際には、自らの責任や努力では対応できない老齢、疾病、障害、失業などさまざまな困難な事態（リスク）が発生することになる。そのため、こうした事態（リスク）に備えて社会全体で支え合う仕組みを用意し、個人の自立した生活を下支えしていく必要があり、こうした機能を果たす社会保障の役割は極めて重要である ・我が国の医療をとりまく環境は大きく変化している。急速な高齢化の進展等により、我が国の国民医療費は年々増大し、今では国民所得の8％程度の規模になっている。とりわけ、老人医療費の大きさは医療費の3分の1を占め、国民医療費の伸びの最大の要因となっている。こうし	・高齢者の医療費に係る負担については、高齢者の心身の特性なども勘案し、現役世代と比較して低い水準となるよう設定されている。一方、公的年金の成熟化等もあって、可処分所得など高齢者の経済的能力は、平均的にみれば現役世代と遜色ないものになっている。老人保健拠出金の増大など現役世代の負担感が大きくなっている中で、高齢者と現役世代との負担の公平を図るためには、高齢者にもその負担能力に応じ「応分の負担」を現役世代と分かち合うことが求められている。こうした観点から、高齢者医療制度の対象年齢についてどう考えるか、高齢者の一部負担や保険料負担の水準についてどのように考えるかといった点について検討する必要がある

第 2 章　白書に見る一部負担記述の変遷

平成13年度版	た医療費の増大は、経済の低迷による保険料収入の伸び悩みと相まって医療保険財政に大きな影響を与え、各医療保険者の運営は非常に厳しい状況となっている	
平成14（2002）年度版	• 健康保険法等の改正（医療保険制度の一部負担 3 割で統一）	
	• 社会構造の変化を背景としたニーズの変化への的確な対応、経済、財政との均衡のとれた制度の構築など、社会保障制度をめぐる諸課題に向けて、不断の見直しもまた求められている。これまでも社会保障構造改革を進め、累次の制度改革を実現してきたところであるが、今後とも、1)社会保障の支え手を増やすこと、2)高齢者も能力に応じ負担を分かち合うこと、3)給付と負担の見直しと効率化を図ること、などを通じて、国民生活のセーフティネットとしての役割を堅持しつつ、経済・財政と均衡のとれた持続可能な社会保障制度の構築に向けて、引き続き改革に取り組んでいく必要がある	• 医療保険制度については、給付率を 7 割で統一するなど、各制度・世代を通じた給付と負担の公平を図るとともに、保険者の統合・再編成や規模の拡大など運営基盤を強化しつつ、持続可能で安定的な制度を構築する
平成15（2003）年度版	• 労働者派遣法改正（26 の専門職以外の業務の派遣期間を延長） • 少子高齢社会対策基本法制定 • 次世代育成支援対策推進法制定	
	• 我が国の医療制度は、すべての国民が健康保険や国民健康保険といった公的な医療保険制度に加入し、いつでも必要な医療を受けることができる国民皆保険制度を採用している • すべての国民がいつでも必要な医療を受けることができる仕組みを将来にわたり維持していくため、医療保険制度の再構築への取組み、質の高い医療が提供できる体制を充実させる	• 自営業者、無職の者と同様にサラリーマンについても給付率を 7 割とし、わかりやすく公平な給付を実現した（2003（平成 15）年 4 月実施）。高齢者についても経済的能力に応じた負担をお願いすることとし、70 歳以上の者の自己負担を原則として定率一割負担とした（2002（平成 14）年 10 月実施）
	• 年金制度改正（マクロスライド制の導入） • 高年者雇用安定法改正（65 歳までの雇用確保措置の義務化）	
	• 我が国の医療制度は、すべての国	• 医療保険制度体系については、安

91

年度版		
平成16（2004）年度版	民が健康保険や国民健康保険といった公的な医療保険制度に加入し、いつでも必要な医療を受けることができる国民皆保険制度を採用している ・世界的にも例を見ない急速な高齢化が進展し、老人医療費を始めとする医療費が年々増大しているが、医療費をまかなう主たる財源である保険料は、厳しい経済環境の下で伸び悩んでおり、医療保険財政は極めて厳しい状況にある	定的で持続可能な医療保険制度を構築する中で、給付の平等、負担の公平を図るとともに、良質で効率的な医療サービスを確保していくことを基本的な考え方としている ・医療制度改革については、1997（平成9）年以降、①薬価制度の見直しによる薬価差の縮小、②包括化の推進など診療報酬体系の見直し、③病床区分の見直し等を行う医療法の改正、④高齢者の定率1割負担の導入等を行う健康保険法等の改正など、着実に改革が進められてきたが、医療を取り巻く環境が大きく変化するとともに医療保険財政が厳しい状況となる
	中で、将来にわたり持続可能な制度としていくためには、更なる改革を行うことが必要となっている。このため、2002年（平成14年）度に健康保険法等が改正され、各保険間の給付率を7割に統一するなどの各制度・世代を通じた給付と負担の見直し、老人医療の対象を70歳以上から75歳以上に、老人医療費に係る公費負担の割合を3割から5割に、それぞれ段階的に引き上げることによる高齢者への施策の重点化、国民健康保険制度の財政基盤の強化等を柱とする改革を実施した ・2002年の改正では、改正の附則に①保険者の再編・統合を含む医療保険制度体系の在り方、②新しい高齢者医療制度の創設、③診療報酬体系の見直しに関し、2002年度中に「基本方針」を策定することが盛り込まれ、これを受けて、2003（平成15）年3月28日に「健康保険法等の一部を改正する法律附則第2条第2項の規定に基づく基本方針（医療保険制度体系及び診療報酬体系に関する基本方針）」を閣議決定した	
平成17（2005）年度版	・介護保険法改正（予防重視への転換） ・障害者自立支援法制定 ・合計特殊出生率過去最低（1.26）	
	・我が国の医療制度は、すべての国民が健康保険や国民健康保険といった公的な医療保険制度に加入し、いつでも必要な医療を受けることができる国民皆保険制度を採用している。こうし	・安定的で持続可能な医療保険制度を構築する中で、給付の平等、負担の公平を図るとともに、良質で効率的な医療サービスを確保していくことを基本的な考え方としている

第2章　白書に見る一部負担記述の変遷

平成17（2005）年度版	た仕組みは、経済成長に伴う生活環境や栄養水準の向上などとも相まって、世界最高水準の平均寿命や高い保健医療水準を実現する上で大きく貢献し、今日、我が国の医療制度は、国際的にも高い評価を受けている。その一方で、医療制度を取り巻く環境は現在大きく変化している。まず、世界的にも例を見ない急速な高齢化が進展し、医療費が年々増大しているが、医療費を賄う主たる財源である保険料は伸び悩んでおり、医療保険財政は厳しい状況にある ●医療制度を取り巻く環境の構造的な変化に対応し、国民の安心の基盤である医療制度を将来にわたり揺るぎない持続可能なものへと再構築していくことが求められている	
平成18（2006）年度版	●医療法改正（医療費適正化の推進、後期高齢者医療制度の法定）	
	●我が国の社会保障は、自助、共助、公助の組み合わせにより形作られている。もとより、人は働いて生活の糧を得、その健康を自ら維持していこうと思うことを出発点とする。このような自助を基本に、これを補完するものとして社会保険制度など生活のリスクを相互に分散する共助があり、その上で自助や共助では対応できない困窮などの状況に対し、所得や生活水準、家庭状況などの受給要件を定めた上で必要な生活保障を行う公助があると位置づけられる ●我が国の医療制度は全ての国民が健康保険や国民健康保険といった公的な医療保険制度に加入し、保険証一枚で誰もが安心して医療を受けることができる国民皆保険制度を採用している。こうした仕組みは、経済成長に伴う生活環境や栄養水準の向上などとも相まって、世界最高水準の平均寿命や高い保健医療水準を実現する上で大きく貢献し、今日我が国の医療制度は、国際的にも高い評価を受けている	●近年の医療費の動向をみると、国民医療費は経済（国民所得）を上回る伸びを示している。介護保険制度が施行され、医療の一部が介護に移行した2000（平成12）年度を除いて、患者一部負担の引き上げや診療報酬のマイナス改定を行った年以外は、医療費は毎年約1兆円（3～4％）にのぼる増加を示しており、2003（平成15）年度の国民医療費は31.5兆円となっている ●医療保険制度は様々な変遷をたどってきた。近年では、1997（平成9）年の被用者保険本人患者負担引き上げ（2割）や、老人の患者負担（定額）の引き上げ、2000（平成12）年の老人患者負担（定率1割）の導入、2002（平成14）年の制度間を通じて3割負担統一等の改革を行ってきたところである。しかし、我が国の医療保険制度は、急速な少子高齢化、国民生活や意識の変化等大きな環境変化に直面しており、国民皆保険制度を堅持し、将来にわたり持続可能なものとしていくため、制度全般にわたる抜

93

平成18（2006）年度版		本的な改革が必要であるとされてきた。このため、2006（平成18）年には、医療提供体制に関する改革とあわせて、医療制度構造改革を行うこととし、①医療費適正化の総合的な推進、②新たな高齢者医療制度の創設、③都道府県単位を軸とした保険者の再編・統合の3本柱からなる健康保険法等の一部を改正する法律が第164回通常国会で成立した
平成19（2007）年度版	・労働契約法制定 ・日本の医療は、国民が、いずれかの公的医療保険制度に加入し、保険料を納め、医療機関で被保険者証を提示することにより、一定の自己負担で必要な医療を受けることが可能であるという、世界に誇れる国民皆保険制度を採用 ・従来から、国民の安心の基盤である医療保険制度を持続可能なものとするため、厳しい我が国の財政状況や保険財政の状況を踏まえつつ、医療費の適正化や財源の在り方も含め、給付（保険給付の内容・範囲、診療報酬等）と負担（保険料負担、公費負担（税財源）、患者自己負担等）の在り方等について議論を行い、制度改正が行われてきた ・国民一人一人が若い時期から健康に留意することにより、生活習慣病を引き起こす要因を防ぎ、そのことが結果として医療費の適正化にもつながっていくというものである。したがって、国民一人一人に期待される役割は大きく、自らの健康は自分で守るという認識の下、運動、食事、禁煙に留意した日常生活を送ることに努める ・労働者自身の健康管理も重要である。長時間労働が続くなどにより、	・1961年に、国民誰れもが一定の自己負担で必要な医療を受けることができる国民皆保険制度が確立することとなった ・我が国の医療保険制度の特色としては、国民が、いずれかの公的医療保険制度に加入し、保険料を納め、医療機関で被保険者証を提示することにより、一定の自己負担で必要な医療を受けることができる国民皆保険制度があげられる。こうした国民皆保険制度は、生命と健康に対する国民の安心を確保するための不可欠の基盤であり、今後とも堅持していく必要がある ・1961（昭和36）年の国民皆保険達成時における患者の自己負担は、被用者保険については、本人は負担なし、家族は5割であり、国民健康保険は5割であった。その後、1968（昭和43）年には国民健康保険が3割負担となり、続いて1973（昭和48）年には、被用者保険の被扶養者も3割負担となった。また同年には、自己負担分の一定額（月額3万円（当時））以上を超える額を支給する高額療養費支給制度が創設された ・国の施策として1972年に老人福祉法が改正され、1973（昭和48）年

第2章　白書に見る一部負担記述の変遷

平成19（2007）年度版	体調がすぐれない場合には、医師による面接制度を活用するなど、自らの健康は自分で守るとの認識を持つ	から老人医療費支給制度が実施されることとなった。この制度は、70歳以上（寝たきり等の場合は65歳以上）の高齢者に対して、医療保険の自己負担分を、国と地方公共団体の公費を財源として支給するものであった ● 老人医療費無料化以降、老人医療費は著しく増大した。オイルショックを契機に、日本経済が高度成長から安定成長に移行する中で、特に高齢者の割合の高い市町村国保の財政負担は重くなった。こうした中で、高齢者の医療費の負担の公平化を目指して、老人保健法が1982（昭和57）年に成立した。老人保健法においては、各医療保険制度間の負担の公平を図る観点から、全国平均の高齢者加入率に基づいて算出された拠出金を各医療保険者で等しく負担する仕組みが新たに導入された。また、老人医療費の一定額を患者が自己負担することとなった ● 患者自己負担についても、累次の改正により増加している。昭和50年代以降について被用者保険における被用者本人の自己負担の改正を見ると、1977（昭和52）年の改正では、初診時一部負担金の額が200円から600円に、入院時一部負担金の額が60円から200円に改定された。また、1980（昭和55）年の改正では、初診時一部負担金の額が600円から800円に、入院時一部負担金の額が200円から500円に改定された。続いて、1984（昭和59）年に患者の自己負担が定額から1割に、1997（平成9）年に1割から2割に、2002（平成14）年に2割から3割に改正が行われた。扶養家族の自己負担については、外来は1973（昭和48）年以降3割であり、入院は1973年に5割から3割に、1980年に3割から2割に引き下げられたが、2002年に再び2割から3割に引き上げられた。国民健康保険の自己負担については1968（昭和43）年以降3割となっている。このような経緯により、現役世代における制度間を通じた3割への負担統一がなされた。また、老人の自己負担については、1987（昭和62）年から数次にわたり負担定額が引き上げられ、2000（平成12）年に定額から定率1割に、2002年に現役並み所得者を2割とする改正が行われた

平成19（2007）年度版		・近年の医療保険制度の改正においては、医療費適正化のために、患者自己負担の引上げが繰り返し行われてきた。しかしながら、それぞれの患者自己負担引上げによる医療費の伸びの抑制効果については、患者自己負担の引上げを実施した当初には患者サイドにコスト意識が働くことにより、その受療行動が変化して、医療費の伸びが抑制されるものであり、その効果は経験則上１年程度しかないことに留意する必要がある ・医療保険における厳しい財政状況を勘案し、現役世代の負担が過重なものとならないよう世代間負担の公平の観点から、負担能力のある高齢者からは応分の負担をいただく考え方に立って、2006（平成18）年10月から現役並みの所得を有する70歳以上の高齢者の患者自己負担について２割から３割へと引上げが行われた。また、2008（平成20）年４月からは、70歳から74歳までの高齢者の患者自己負担について１割から２割へと引上げが行われることとなっている。さらに、介護保険法の改正により、2005（平成17）年10月から介護保険においては、食費・居住費が給付対象外とされたことを踏まえ、医療保険においても食費・居住費の負担の見直しを進め、医療保険適用の療養病床に入院している70歳以上の高齢者については、介護保険との負担の均衡を図るため、2006年10月から食費・居住費の負担引上げが行われた。また、高額療養費については、総報酬制の導入や負担の公平を図る観点から、自己負担限度額の引上げが行われた ・先般の医療構造改革は、患者自己負担の見直し等を中心とした短期的な方策による医療費適正化だけでなく、今後の国民の保健・医療・福祉の在り方を展望し、国民の生活の質（QOL）を確保・向上する形で医療そのものを効率化することにより、結果として、医療費の伸びを徐々に適正化するという中長期的な取組みを導入していくものである
平成20年度版	・後期高齢者医療制度の創設 ・リーマンショックにより金融危機	
	・社会保障の基本的な考え方について述べることとする。国民生活は国民一人一人が自らの責任と努力によって営むこと（「自助」）が基本であるが、往々にして、病気やけが、老齢	・社会保障の生活安定・向上機能について具体的に見てみると、まず、医療については、我が国の国民は、原則としていずれかの公的医療保険制度に加入し、受診時に原則３割の自己

第2章 白書に見る一部負担記述の変遷

平成20（2008）年度版

や障害、失業などにより、自分の努力だけでは解決できず、自立した生活を維持できない場合も生じてくる。このように個人の責任や自助努力のみでは対応できないリスクに対して、国民が相互に連帯して支え合うことによって安心した生活を保障することが「共助」であり、年金、医療保険、介護保険、雇用保険などの社会保険制度は、基本的にこの共助を体現した制度である。さらに、自助や共助によってもなお生活に困窮する場合などもある。このような自助や共助によっても対応できない困窮などの状況に対し、所得や生活水準・家庭状況などの受給要件を定めた上で必要な生活保障を行うのが「公助」であり、公的扶助（生活保護）や社会福祉などがこれに当たる

・我が国の医療提供体制は、国民皆保険制度とフリーアクセスの下で、国民が必要な医療を受けることができるよう整備が進められ、国民の健康を確保するための重要な基盤となっている。一方で、少子高齢化の進行、医療技術の進歩、国民の意識の変化等、医療を取り巻く環境の変化に対応するため、より質の高い効率的な医療サービスを提供するための改革を推進することが課題となっている

・（社会保障の機能1）生活の安定を図り、安心をもたらす生活安定・向上機能がある。例えば、病気や負傷の場合にも、医療保険の存在により一定の自己負担で必要な医療を受けることができ、高齢期には、老齢年金により安定した生活を送ることができる

・（社会保障の機能2）第二の機能は、所得を個人や世帯の間で移転させることにより、国民の生活の安定を図る負担で必要な医療を受けることが可能となっている。また、その自己負担も、医療費が高額になる場合には高額療養費制度により一定限度以下に抑えられることとなっている。例えば、現役世代が胃がんの手術のため30日間入院し、医療費の合計は約158万円かかった場合でも、この場合の自己負担は約158万円の3割の約47万円ではなく、約9万円であり、約149万円は医療保険から給付される。日本の国民医療費の約86％は、公的医療保険による保険給付等によって賄われており、実質的な自己負担は約14％となっている

・公的医療保険制度の存在は、病気にかかりやすい高齢期にも大きな効果を発揮する。我が国の国民1人が生涯に必要とする医療費は約2,300万円と推計されているが、このうち約半分は70歳以上で必要になる。現在のような公的医療保険制度がないとすれば、病気にかかれば医療費の負担が重くなり、特に、病気にかかりやすい高齢期の生活は極めて不安定なものとなってしまうだろう。このように、公的医療保険制度は、国民に医療へのアクセスを容易にし、生活の安定・安心をもたらすとともに、公衆衛生の充実や生活水準の向上等と相まって、世界最高水準の平均寿命の実現に寄与してきたところである

平成20（2008）年度版	所得再分配機能である。具体的には、異なる所得階層間で、高所得層から資金を調達して、低所得層へその資金を移転したり、稼得能力のある人々から稼得能力のなくなった人々に所得を移転したりすることがあげられる。例えば、生活保護制度は、税を財源にしており「所得の多い人」から「所得の少ない人」への再分配が行われる。また、公的年金制度は基本的に保険料を財源にした現役世代から高齢世代への世代間の所得再分配といえる ●（社会保障の機能3）第三の機能が、経済安定機能、すなわち**景気変動を緩和する機能**や、**経済成長を支えていく機能**である。例えば、雇用保険制度については、失業中の家計を下支えする効果に加え消費の減少による景気の落ち込みを抑制する効果（スタビライザー機能）もある。図表は、内閣府「国民経済計算」を用いて、雇用者報酬の伸び率と雇用者報酬に対する雇用保険の比率を見たものであるが、雇用者報酬の伸び率が低いときには、雇用者報酬に対する雇用保険の比率が高く、失業中の家計を下支え、消費の減少による景気の落ち込みを抑制していることがうかがえる	
平成21（2009）年度版	●**国民年金法改正（基礎年金国庫負担1/3から1/2へ）** ●**雇用保険法改正（適用範囲と受給要件の緩和）** ●**鳩山由紀夫内閣発足（9月、民主党政権）**	
	●我が国の医療提供体制は、国民皆保険制度とフリーアクセスの下で、国民が必要な医療を受けることが出来るよう整備が進められ、国民の健康を確保するための重要な基盤となっている ●今後、急速な高齢化の進展等により、現在は国民医療費の約1/3を占める75歳以上の老人医療費が、2025（平成37）年には国民医療費の半分弱を占めるまでになると予想されるが、医療を特に必要とする高齢者への適切な医療を確保するためには、給付の効率化を図り、医療費の適正化を進めていくことで、国民皆保険制度を維持する必要がある	●患者自己負担の見直しや、診療報酬改定といった医療費適正化のための取組みを行ってきているが、これらの短期的な取組みと併せて、中長期的に医療費適正化を図る観点から、2006年の医療保険制度改革においては、医療費の伸びの構造的要因に着目した適正化、効率化を推進していく必要があるとされた。こうしたことから、短期的な取組みを織り込みつつ、中長期的な医療費適正化対策として生活習慣病の予防や平均在院日数の短縮（長期入院の是正のための療養病床の再編成等）の取組みを計画的に進めることで、医療費適正化の総合的な推進を図ることとしている

出典：表1と同じ。　　注：太字は筆者。

7．2010年代厚生労働白書

1）全世代型社会保障への転換期

　2010年代初頭は、民主党政権と重なる。2009年9月の衆議院選挙で民主党が300議席を獲得し政権の座に就いた。民主党政権は、鳩山由紀夫、菅直人、野田佳彦と三代で、2012年12月26日、野田内閣総辞職で、3年余りの短命であった。2010年度版白書、2011年度版白書は、自民党政権時代の考えを引き継いでいる。特に、2010年度版白書は、2006年度版白書が言及した、「我が国の社会保障は、自助、共助、公助の組み合わせにより形作られている」（2006年度版白書）を踏襲している。

　2010年度版白書は、「国民生活は国民一人一人が自らの責任と努力によって営むこと（「自助」）が基本である」（2010年度版白書）、「個人の責任や自助努力のみでは対応できないリスクに対して、**国民が相互に連帯して支え合うことによって安心した生活を保障することが**「共助」であり、年金、医療保険、介護保険、雇用保険などの社会保険制度は、基本的にこの共助を体現した制度」（2010年度版白書）、「自助や共助によっても対応できない困窮などの状況に対し、所得や生活水準・家庭状況などの受給要件を定めた上で必要な生活保障を行うのが「公助」であり、**公的扶助（生活保護）や社会福祉**などがこれに当たる」（2010年度版白書）としており、公的責任が伴う社会保障分野は「公的扶助（生活保護）や社会福祉」に縮小するとの流れであり、国民的期待の下、誕生した民主党政権の特徴は何ら発揮されていない。

　2011年度版以降の白書では、2000年代白書の流れと同じく、医療保険分野では国民皆保険制度の肯定的評価に徹している。具体的には、

「国民皆保険制度の実現によって、誰もが公的な医療保険に加入するようになり、保険証１枚でどの医療機関でも受療できるようになった」（2011年度版白書）、「国民皆保険制度とフリーアクセスの下で、国民が必要な医療を受けることができるよう整備」（2013年度版白書）、「日本の皆保険制度は、原則として、全ての国民が公的保険により医療を受けられるよう保障するための仕組みであり、日本の社会保障の中核として、国民生活の安心を支え続けてきたものである」（2013年度版白書）、「我が国の医療保障制度は社会保険方式を採っている。社会保険は、病気やケガ、失業など、貧困に陥る原因となる事故に対してあらかじめ備え、現実にこれらが発生してもそれによって生活困難に陥らないようにするもの」（2016年度版白書）、「病気や負傷をした場合には、一定の自己負担で必要な医療を受ける」（2017年度版白書）としている。

　しかし、民主党政権下の2012年度版白書だけは、幾分違う表現をしている。「日本では、国民全てが公的な医療保険に加入し、病気やけがをした場合に『誰でも』、『どこでも』、『いつでも』保険を使って医療を受けることができる。これを『国民皆保険』という」（2012年度版白書）としている。しかし、一般的にも馴染みがあり運動体の標語として多用される「誰でも」、「どこでも」、「いつでも」との文言は、意外にも厚生労働白書で使用されたのは、2012年度版のみである。いわば、これが唯一、民主党政権らしさを表出した部分だと言える。

　ただ、「社会保険方式は、保険料の拠出と保険給付が対価的な関係にあり、保険料負担の見返りに給付を受けるという点において、税方式の場合よりも、給付の権利性が強いといえる」（2012年度版白書）との記述は、社会保障の受給権を商取引に見立てて、「消費者の権利」と混同させる表現となっている。したがって、「税方式」は権利性が弱いかのように描いているが、そもそも社会保障は基本的人権、特に生活権・生存権の具現化であることから、税方式よりも社会保険方式が「権利性が強い」との発想は、基本的人権そのものを否定することにも繋がりかね

ない危険な発想である。

　また、同年度版白書では、「**社会保険制度は、保険料を支払った人々が、給付を受けられる**という自立・自助の精神を生かしつつ、強制加入の下で所得水準を勘案して負担しやすい保険料水準を工夫することで、社会連帯や共助の側面を併せ持っている仕組みである」（2012年度版白書）とし、「社会保険」を自立・自助、社会連帯の証としての「私保険」と同一視していることに驚かされた。

　1980年代後半から2000年代にかけての白書においては、機能論に特化した形で社会保障が語られたが、2012年度版白書は、「目的」と「機能」を区分し説明している。具体的には、社会保障の目的を、1993年の社会保障将来像委員会の第一次報告を引用し、「国民の生活の安定が損なわれた場合に、国民にすこやかで安心できる生活を保障することを目的として、公的責任で生活を支える給付を行うもの」（2012年度版白書）としている。しかし、目的はゴールであり、その達成に公的責任が伴うが、「国民にすこやかで安心できる生活を保障する」との表現は、その目的が国民の主観に委ねられかねない極めて曖昧なものであり、結果、その未達成において公的責任を追及しづらくなる構造を持っている。

　社会保障の機能に関しては、2008年度版白書の整理を踏襲し、「生活安定・向上機能」、「所得再分配機能」、「経済安定機能」（2012年度版白書）と3つ挙げている。これらは、自公政権下の2017年度版白書でも、「社会保障の機能は、主として、1生活安定・向上機能、2所得再分配機能、3経済安定機能の3つがあげられる」（2017年度版白書）とし、全く同じ表現が使われている。機能としては、至極当然のことを表明している。

　さて、2017年度版白書で気になるのは、「社会保障制度改革推進法に基づき設置された『社会保障制度改革国民会議』では、各分野の改革の具体的方向性が議論され、2013（平成25）年8月に取りまとめら

れた報告書の総論においては、日本の社会保障モデルを『1970 年代モデル』から『21 世紀（2025 年）日本モデル』へと転換を図り、**全ての世代が年齢ではなく負担能力に応じて負担し支え合う『全世代型の社会保障』を目指す**」（2017 年度版白書）としたことである。全世代に給付・配分される社会保障は魅力ではあるが、ここで述べているのは、負担部分に特化したものであり注意しなければならない。つまり、社会保障の負担を全世代が負担能力に従って支出する「全世代型社会保障」と言い換えることが可能である。

　この点は、安倍首相が、2017 年 9 月 25 日の衆議院解散表明の記者会見で、「全世代型社会保障」への転換を打ち出したことからも理解できる。また、2018 年 10 月の第 4 次安倍改造内閣発足では、再度全世代型社会保障改革に取り組むこととセットで、2019 年 10 月より消費税を 8％ から 10％ に増税することを表明した。

2）受診自己抑制につながる一部負担

　一部負担に関して、2012 年度版白書とそれ以外とで、文言の使い方に明白な違いが存在する。

　2012 年度版白書以外では、「**一定の自己負担で必要な医療サービスが受けられる体制を整備**」（2010 年度版白書）、「全体として、給付の合理化、適正化が進められ、保険料、**一部自己負担の引上げが行われた**」（2011 年度版白書）、「医療保険においては、数次にわたって、**自己負担割合の引上げが行われた**」（2011 年度版白書）、「1984（昭和 59）年に健康保険法が改正され、サラリーマンである被保険者本人に 1 割の**自己負担を求めることとなった**」（2011 年度版白書）、「2002（平成 14）年度には、サラリーマンの本人**自己負担**は 3 割に引上げられ（翌 2003 年 4 月実施）、国民健康保険と同じ給付率となった」（2011 年度版白書）、「高齢者医療制度については、高齢者の**自己負担**を 1 割、現役並み所得の場

第 2 章　白書に見る一部負担記述の変遷

合は 2 割とした（2008 年に 3 割に引上げ）」（2011 年度版白書）、「患者自己負担の見直しや、診療報酬改定といった医療費適正化のための短期的な取組み」（2011 年度版白書）、「病気等の際には、保険証 1 枚で一定の自己負担により必要な医療サービスを受けることができる」（2013 年度版白書）というように、自己負担という言葉が使われている。

　そして、2014 年度からは自己負担に加えて、窓口負担、患者負担という言葉も使われている。「高額療養費制度は、病院等での窓口負担が高額になった場合、家計の負担が過重なものとならないよう月単位で窓口負担の上限額を設ける制度」（2014 年度版白書）、「70 歳から 74 歳の患者負担については、2008 年以降暫定的に 1 割」（2014 年度版白書）、「病気等の際には、一定の自己負担により、保険証 1 枚で誰もが安心して医療を受ける」（2016 年度版白書）、「患者が支払う医療費の自己負担額が軽減され、国民に対して良質かつ高度な医療を受ける機会を平等に保障している」（2016 年度版白書）、「医療費の患者負担割合は、原則的にかかった医療費の 3 割となっている」（2016 年度版白書）、「医療費の自己負担に一定の歯止めを設ける『高額療養費制度』という仕組みがある」（2016 年度版白書）、「公的医療保険の保険給付は、医療サービスの現物給付が中心であり、各医療保険制度で共通している。費用の一部は患者が負担」（2017 年度版白書）、「現行の公的医療保険制度においては、応能負担の観点から保険料や自己負担額において低所得者への配慮を行う」（2017 年度版白書）と記載されている。

　このように、自己負担、窓口負担、患者負担が多用され、「一部負担」との文言は一度も使用されていない。

　しかし、2012 年度版白書においては、「患者の一部負担の導入である」（2012 年度版白書）、「国民の共有財産である国民皆保険制度を堅持していく手段の一つとして、一部負担は設けられている」（2012 年度版白書）、「社会全体でリスクをシェアすることで、患者が支払う医療費の自己負担額が軽減され、国民に対して良質かつ高度な医療を受ける機

103

会を平等に保障する仕組み」(2012年度版白書)と、1ヵ所「自己負担」と使用されている以外、「一部負担」と表記されている。

　2012年度以外の白書が自己負担や患者負担を使用し、その負担が社会保険として所与のものであるとの意味合いを鮮明にしているが、民主党政権下の2012年度版白書が、あえて「一部負担」を多用したことは、当時の良識ある官僚のささやかな抵抗だったのかもしれない。

　ただ、2012年度版白書は、「一部負担」導入の意義を、以下2点示し、「『モラルハザード』ともいえる事態を回避するための工夫の一つが、患者の一部負担の導入」(2012年度版白書)、「医療サービス提供者側にも、本当に診療を必要と考えて受診しにきた患者を効率よく診療しようとするインセンティブが働く」(2012年度版白書)と強調している。

　「本当に診療を必要と考えて受診しにきた患者」との文言は、もっともらしく聞こえるが、医療・医学に素人である一般国民が、受診前に本当に診療が必要かどうか判断できない。具合が悪いと感じれば、素早く医療機関にかかり、治療の有無を専門知識のある医師等が判断すべきである。2012年度版白書は言下に、"患者自らが、本当に診療が必要か判断し、受診を自己抑制しろ"と強要しているように感じるのは、筆者のみであろうか。

第 2 章　白書に見る一部負担記述の変遷

表 7　2010 年代の厚生労働白書に見る医療保険と一部負担

	医療保険に関する記述	医療保険の一部負担に関する記述
平成 22 (2010) 年度版	・子ども手当支給 ・「子ども・子育て新システムの基本制度案要綱」決定 ・「障害者制度改革の推進のための基本的な方向について」閣議決定 ・父子家庭へ児童扶養手当支給 ・菅直人政権発足（6 月、民主党政権） ・今後、医療、福祉、雇用、年金などの各制度が相まって国民一人ひとりが安心して暮らせる社会の姿を制度横断的に検討していかなければならない。その際、社会保障が「機会の平等」の保障のみならず、広く国民全体の可能性を引き出す参加型社会保障（ポジティブ・ウェルフェア）の考え方に立って、より質の高い社会の実現を目指す必要がある ・社会保障制度に関連して、保険料や税といった費用も分担しているのだから、できるだけ一人ひとりのニーズに合ったきめ細かい質の高いサービスを利用したいということも国民の皆様の思いとしてあげられる。これについては、社会保障のサービスをよりニーズに即した効果的で質の高いものとすることが求められる。具体的には、必要なサービスを地域で、公的主体、新しい公共、企業等が連携して提供する仕組みとすること、また、利用者本位で個別のニーズに対応できる仕組みとすることが重要である ・社会保障は、国民相互が暮らしを支え合うセーフティネットとして、国民の「安心感」を醸成し、消費活動の下支えを通じて、不況期のスタビライザー機能も果たしている。このような社会保障の本質的な意義や経済に与える効果を考えると、社会保障制度は、個人消費を支え、有効需要や雇用機会の創出と相まって、経済社会の発展を支える重要なものである ・国民生活は国民一人一人が自らの責任と努力によって営むこと（「自助」）が基本であるが、往々にして、病気やけが、老齢や障害、失業などにより、自分の努力だけで	・我が国は 1961 (昭和 36) 年に国民皆保険を達成して以来、一定の自己負担で必要な医療サービスが受けられる体制を整備し、世界最長の平均寿命や高い保健医療水準を達成してきた。一方、国民皆保険達成から半世紀を迎え、急速な高齢化の進展等、医療を取り巻く環境は大きく変化しており、医療保険財政の厳しさが続く中で、今後とも必要な医療を確保しつつ、人口構造の変化に対応できる持続可能なシステムを作り上げていく必要がある

105

平成22(2010)年度版	は解決できず、自立した生活を維持できない場合も生じてくる。このように個人の責任や自助努力のみでは対応できないリスクに対して、国民が相互に連帯して支え合うことによって安心した生活を保障することが「共助」であり、年金、医療保険、介護保険、雇用保険などの社会保険制度は、基本的にこの共助を体現した制度である。さらに、自助や共助によってもなお生活に困窮する場合などもある。このような自助や共助によっても対応できない困窮などの状況に対し、所得や生活水準・家庭状況などの受給要件を定めた上で必要な生活保障を行うのが「公助」であり、公的扶助(生活保護)や社会福祉などがこれに当たる
平成23(2011)年度版	・「社会保障・税一体改革法案」政府決定 ・「年金確保支援法」可決・成立 ・東日本大震災 (3月) ・野田佳彦政権発足 (9月〜2012年1月)

平成23(2011)年度版	・国民皆保険制度の実現によって、誰もが公的な医療保険に加入するようになり、保険証1枚でどの医療機関でも受療できるようになった。これは、フリーアクセスとも呼ばれる日本の医療保険制度の大きな特徴の一つであり、後述する自由開業医制、診療報酬出来高払制と合わせ、必要な医療が国民に対してより円滑に提供されるようになっていった ・日本の医療は、諸外国と比して、平均余命、アクセスの良さ等で高い実績を残す一方、医療費という面ではより少ない医療費で賄われている。日本の保健医療支出はGDPの8.1%であり、OECD平均の9.0%より低い。また、一人当たり保健医療支出は、2,729ドルとなっており、OECD平均の3,060ドルより安い。特に、日本が他国と比して高齢化が進展している影響も考慮すれば、日本はGDP比、一人当たり医療費いずれでみても比較的低い費用で医療を提供できているということができる	・1981(昭和56)年に第2次臨時行政調査会が発足し、行政改革が各分野で進められるようになって以降、現在に至るまで、社会保障の各制度についても様々な調整が行われた。全体として、給付の合理化、適正化が進められ、保険料、一部自己負担の引上げが行われたが、特に、国民健康保険、国民年金をどう維持していくかは、国民皆保険・皆年金体制を維持していくための大きな課題であり続けた。このため、医療保険においては、数次にわたって、自己負担割合の引上げが行われたほか、老人保健制度や後期高齢者医療制度等への拠出金を通じた被用者保険と国民健康保険の制度間調整が強化されていった ・経済成長が鈍化する一方で、医療費は経済成長率や国民所得の伸びを上回る形で増加傾向を示し、医療費と国民の負担能力との間のかい離が拡大するおそれが生じた。このため、1984(昭和59)年に健康保険法が改正され、サラリーマンである被

平成23（2011）年度版		保険者本人に1割の自己負担を求めることとなった
		・2002（平成14）年度には、サラリーマンの本人自己負担は3割に引上げられ（翌2003年4月実施）、国民健康保険と同じ給付率となった。他方、少子化対策の観点から国民健康保険の3歳以下（2008年に小学校就学未満児に引上げ）の子どもについては2割負担に引下げた。また、診療報酬において薬価を除く本体で初のマイナス改定が行われた。一方、高齢者医療制度については、高齢者の自己負担を1割、現役並み所得の場合は2割とした（2008年に3割に引上げ）上で、老人保健法の対象年齢を70歳から75歳に引上げ、公費負担割合を3割から5割に引上げた。老人医療費が無料化されてから、1割負担に至るまで約30年を要したことになる
		・急速な高齢化の進展等により2006（平成18）年当時国民医療費の約3分の1を75歳以上の老人医療費が占めるようになり、2025（平成37）年には国民医療費の半分弱を占めるまでになると予測された。こうした中で、患者自己負担の見直しや、診療報酬改定といった医療費適正化のための短期的な取組みと併せて、中長期的に医療費適正化を図る観点から、2006年の医療保険制度改革においては、医療費の伸びの構造的要因に着目した適正化、効率化を推進していく必要があるとされた
		・社会保障給付を行うためには、そのための財源が必要であり、社会保険制度の場合には基本的には保険料収入によることとなる。日本では何らかの形で公費が投入されていることが多く、その分保険料負担が低く抑えられているが、保険料を負担してはじめて給付を受けられることが原則である
平成24（2012）年度版	・障害者総合支援法成立（障害者自立支援法の改正、2013年4月施行） ・消費税法等改正法可決・成立 ・子ども被災者支援法可決・成立（6月） ・子ども・子育て支援法可決・成立（8月） ・復興庁発足 ・第46回衆議院議員選挙で自民党が、単独絶対過半数確保で大勝し与党に返り咲く（12月） ・安倍晋三政権発足（自公連立政権）	
	・1961（昭和36）年に実現された「国	・「モラルハザード」ともいえる事態

平成24（2012）年度版

民皆保険・皆年金」は、全ての国民が公的医療保険や年金による保障を受けられるようにする制度である。この「国民皆保険・皆年金」を中核として、雇用保険、社会福祉、生活保護、介護保険などの諸制度が組み合わさって、日本の社会保障制度は構築されてきた

- 日本では、国民全てが公的な医療保険に加入し、病気やけがをした場合に「誰でも」、「どこでも」、「いつでも」保険を使って医療を受けることができる
- 社会保険の財源は保険料が中心である。保険料は、被用者保険では被保険者（被用者）本人のみならず、被保険者の職場の事業主も負担するのが原則となっている
- 社会保険方式は、保険料の拠出と保険給付が対価的な関係にあり、保険料負担の見返りに給付を受けるという点において、税方式の場合よりも、給付の権利性が強いといえる。実際、医療保険で医療サービスを受けるように、給付を受けることが特別なことではなく、当たり前のことというイメージをもち、その受給に恥ずかしさや汚名（スティグマ）が伴わないというメリットがある

を回避するための工夫の一つが、患者の一部負担の導入である。一部負担をしてもらうことで、患者側には、本当に必要なときに診察を受けようとするインセンティブが働き、医療サービス提供者側にも、本当に診療を必要と考えて受診しにきた患者を効率よく診療しようとするインセンティブが働く

- 国民の共有財産である国民皆保険制度を堅持していく手段の一つとして、一部負担は設けられている
- 「国民皆保険」という。社会全体でリスクをシェアすることで、患者が支払う医療費の自己負担額が軽減され、国民に対して良質かつ高度な医療を受ける機会を平等に保障する仕組みとなっている
- 社会保険制度の財源には、保険料以外にも国庫負担金等がある。医療保険や介護保険の場合は、給付を受ける本人が、かかった費用の一部を支払う「一部負担金（利用者負担）」もある。なお、応能負担の見地から、低所得者を対象に保険料を軽減・免除するために国や地方公共団体も費用の一部を負担している

- 社会保険制度は、保険料を支払った人々が、給付を受けられるという自立・自助の精神を生かしつつ、強制加入の下で所得水準を勘案して負担しやすい保険料水準を工夫することで、社会連帯や共助の側面を併せ持っている仕組みである
- （社会保障の目的）近年では、社会保障は、一般に、「国民の生活の安定が損なわれた場合に、国民にすこやかで安心できる生活を保障することを目的として、公的責任で生活を支える給付を行うもの」（社会保障制度審議会〈社会保障将来像委員会第1次報告〉（1993（平成5）年））とされている
- （社会保障の「生活安定・向上機能」）生活の安定を図り、安心をもたらす「生活安定・向上機能」がある。

例えば、病気や負傷の場合には、医療保険により負担可能な程度の自己負担で必要な医療を受けることができる。現役引退後の高齢期には、老齢年金や介護保険により安定した生活を送ることができる。雇用・労働政策においては、失業した場合には、雇用保険により失業等給付が受給でき、生活の安定が図られるほか、業務上の傷病等を負った場合には、労災保険により、自己負担なしで受診できる。また、職業と家庭の両立支援策等は、子育てや家族の介護が必要な人々が就業を継続することに寄与することで、その生活を保障し安心をもたらしている

- （社会保障の「所得再分配機能」）所得を個人や世帯の間で移転させることにより、国民の生活の安定を図る「**所得再分配機能**」がある。具体的には、異なる所得階層間で、高所得層から資金を調達して、低所得層へその資金を移転したり、稼得能力のある人々から稼得能力のなくなった人々に所得を移転したりすることが挙げられる。例えば、生活保護制度は、税を財源にした「所得のより多い人」から「所得の少ない人」への再分配が行われている。また、公的年金制度は保険料を主要財源にした、現役世代から高齢世代への世代間の所得再分配とみることができる。また、所得再分配には、現金給付だけでなく、医療サービスや保育等の現物給付による方法もある。このような現物給付による再分配は、報酬に比例した保険料額の設定など支払能力（所得水準）に応じた負担を求める一方、必要に応じた給付を行うものであり、これにより、所得の多寡にかかわらず、生活を支える基本的な社会サービスに国民が平等にアクセスできるようになっている

- （社会保障の「経済安定機能」）景気変動を緩和し、経済成長を支えていく「**経済安定機能**」がある。例えば、雇用保険制度は、失業中の家計収入を下支えする効果に加え、マクロ経済的には個人消費の減少による景気の落ち込みを抑制する効果（スタビライザー機能）がある。また、公的年金制度のように、経済不況期においても継続的に一定の額の現金が支給される制度は、高齢者等の生活を安定させるだけでなく、消費活動の下支えを通じて経済社会の安定に寄与している。さらに、雇用保険制度に限らず雇用・労働政策全般についても、前述の生活安定・向上の機能を有するのみならず、国民に、困った時には支援を受けられるという安

		心をもたらすことによって、個人消費の動向を左右する消費者マインドを過度に萎縮させないという経済安定の機能があるといえる
平成25（2013）年度版	・子ども手当、名称「児童手当」に戻る ・子どもの貧困対策の推進に関する法律（6月） ・障害を理由とする差別の解消の推進法可決・成立（6月） ・障害者雇用促進法改正（本法において、発達障害が精神障害に含まれることが明確化） ・生活困窮者自立支援法可決・成立（12月。生活困窮者自立促進支援制度の創設、2015年4月施行） ・障害者の権利条約批准（12月）	
	・我が国の医療提供体制は、国民皆保険制度とフリーアクセスの下で、国民が必要な医療を受けることができるよう整備が進められ、国民の健康を確保するための重要な基盤となっている	・1961（昭和36）年に国民皆保険を達成して以来、社会保険方式の下、全ての国民が職業・地域に応じて健康保険や国民健康保険といった公的医療保険制度に加入することとなっている。そして、病気等の際には、保険証1枚で一定の自己負担により必要な医療サービスを受けることができる制度を採用することにより、誰もが安心して医療を受けることができる医療制度を実現し、世界最長の平均寿命や高い保健医療水準を達成してきた
平成26（2014）年度版	・「母子及び父子並びに寡婦福祉法」可決・成立（4月、「母子及び寡婦福祉法」から改正） ・「子供の貧困対策に関する大綱」閣議決定（8月） ・過労死等防止対策推進法可決・成立（11月） ・認定社会福祉士制度開始 ・刑務所における福祉専門官として社会福祉士の配置が始まる（12月）	
	・日本の皆保険制度は、原則として、全ての国民が公的保険により医療を受けられるよう保障するための仕組みであり、日本の社会保障の中核として、国民生活の安心を支え続けてきたものである。国民皆保険を次世代に引き渡していくため、医療保険制度については次の事項について検討を加え、必要な措置を2014（平成26）年度から2017（平成29）年度	・高額療養費制度は、病院等での窓口負担が高額になった場合、家計の負担が過重なものとならないよう月単位で窓口負担の上限額を設ける制度として、我が国における医療保険制度の重要な柱となっている。どれだけ医療費が高額になったとしても、所得に応じた窓口負担の上限額（一般的には月額約80,100円）までの支払いで済むこととなり、国民生活の安

第 2 章　白書に見る一部負担記述の変遷

<table>
<tr><td rowspan="2">平成26（2014）年度版</td><td>

までを目途に講ずるものとし、このために必要な法律案を2015（平成27）年に開会される国会の常会に提出することを目指すものとされた。また、これらの事項の実施状況等を踏まえ、高齢者医療制度の在り方等について、必要に応じ検討を行うものとされた。

○医療保険制度等の財政基盤の安定化
―国民健康保険に対する財政支援の拡充
―国民健康保険の保険者、運営等の在り方
―協会けんぽの国庫補助率や高齢者の医療の費用負担の在り方
○医療保険の保険料に係る国民負担の公平の確保
―国民健康保険及び後期高齢者医療制度の保険料に係る低所得者の負担の軽減
―後期高齢者支援金の全面総報酬割の導入
―被保険者の所得水準の高い国民健康保険組合に対する国庫補助の見直し
―国民健康保険の保険料の賦課限度額・被用者保険の標準報酬月額の上限額の引上げ
○**医療保険の保険給付の対象となる療養の範囲の適正化等**
―低所得者の負担に配慮しつつ行う70歳から74歳までの者の一部負担金の取扱い及びこれと併せた負担能力に応じた負担を求める観点からの高額療養費の見直し
―医療提供施設相互間の機能の分担や在宅療養との公平を確保する観点からの**外来・入院に関する給付の見直し**

・急速な少子高齢化の進展等により、前述のとおり社会保障費の増加が避けられない状況にあることを踏まえ、社会保障の安定財源の確保と財政健全化の同時達成に向け、税制抜本改革法に沿って、2014（平成26）年4月には消費税率が8％へ引き上げられることとなった。また1999（平成11）年以降、消費税収（国分）については、各政府の予算総則において年金、高齢者医

</td><td>

定と医療の確保に貢献している。今後所得に応じてよりきめ細やかな対応が可能となるよう制度の見直しを行い、2015（平成27年）1月から、所得区分を3区分から5区分に細分化し、所得が相対的に低い方（年収約370万円以下）の窓口負担の上限額を約80,100円から57,600円に引き下げることにしている

・**70歳から74歳の患者負担については、2008年以降暫定的に1割となっていたが、世代間の公平の観点に立って、2014（平成26）年4月に新たに70歳になる者（69歳まで3割であった者）から段階的に法律上の2割とし、同年3月末までに既に70歳に達している者は1割の特例措置を継続することとした。併せて、低所得者を含め、高額療養費の自己負担限度額は据え置いた**

</td></tr>
</table>

111

	療、介護といった「高齢者三経費」に充てることとされていたが、今回の改革では、子育てや現役世代の医療を加えた「社会保障四経費」に消費税増収分の全てを充てることが消費税法等に明記された	
平成27（2015）年度版	・介護保険法改正 ・予防給付サービス（訪問介護、通所介護）の介護予防・日常生活支援総合事業への移行開始（2018年3月31日までに移行）	
	・社会保障給付費の財源は保険料と税により賄われている。このまま人口減少が大幅に進み、少子高齢化がさらに進んでいけば、現役世代（生産年齢人口）の全世代に占める割合がますます減少していき、増え続ける社会保障給付費を賄えるだけの保険料収入や税収を確保することが困難になる。ともすれば、現役世代の負担の増大、ないしは負担増を抑制・回避するための借金（国債の発行）による、将来世代への負担のさらなる先送りを余儀なくされることにもつながる。このように、人口減少は、社会保障の担い手の減少により、社会保障制度を安定的に維持していくことや財政の健全化にも影響が及んでいくこととなる	・入院時の食事代の自己負担額について、入院と在宅療養の負担の公平化を図る観点から、一般所得の方を対象に、現在の食材費相当額に加え、在宅療養においても負担されていると考えられる調理費相当額の負担を求めることとする ・フリーアクセスの基本は守りつつ、主治医と大病院に係る外来の機能分化をさらに進めるとともに、病院勤務医の負担軽減を図るため、2016年度から、特定機能病院等において、紹介状なく受診する患者に対して、原則として一定額の負担を求めることとする
	・医療・介護サービスの需要の増大・多様化に対応していくためには、患者それぞれの状態にふさわしい良質かつ適切な医療を効果的かつ効率的に提供する体制を構築する必要がある。このため、医療介護総合確保推進法では、病床の機能の分化・連携を進めるとともに、地域医療として一体的に地域包括ケアシステムを構成する在宅医療・介護サービスの充実を図るための制度改正を行った	
平成28（2016）年度版	・熊本地震（4月） ・相模原障害者施設殺傷事件（7月）	
	・我が国の医療保障制度は社会保険方式を採っている。社会保険は、病気やケガ、失業など、貧困に陥る原因となる事故に対してあらかじめ備え、現実にこれらが発生してもそれによって生活困難に陥らないようにするもので、	・社会保険の財源は保険料が中心であるが、被用者保険では被保険者（被用者）本人のみならず、被保険者の職場の事業主も負担するのが原則となっている。さらに、応能負担の見地から、低所得者を対象に保険料を

第2章 白書に見る一部負担記述の変遷

年度		
平成28(2016)年度版	人々が集まって保険集団をつくり、あらかじめ保険料を出し合い、このような事故にあった場合に必要な給付をする仕組みである	軽減・免除するために、国や地方公共団体も費用の一部を負担している ・病気等の際には、一定の自己負担により、保険証1枚で誰もが安心して医療を受けることができ、世界最長の平均寿命や高い保健医療水準を達成している。このような仕組みを「国民皆保険」といい、社会全体でリスクをシェアすることで、患者が支払う医療費の自己負担額が軽減され、国民に対して良質かつ高度な医療を受ける機会を平等に保障している
	・医療費の患者負担割合は、原則的にかかった医療費の3割となっている。ただし、義務教育就学前の子どもでは2割、70歳以上75歳未満の者は所得に応じて2割又は3割、75歳以上の者は所得に応じて1割又は3割となっている。また、家計に対する医療費の自己負担が過重なものとならないよう、医療費の自己負担に一定の歯止めを設ける「高額療養費制度」という仕組みがある。医療機関や薬局での自己負担額が月単位で一定額を超えた場合にその超えた金額を支給する制度で、負担の上限額は年齢や所得によって異なる	
平成29(2017)年度版	・小田原ジャンパー事件(3月、小田原市における生活保護受給者への威圧的態度の社会問題化) ・社会福祉改正法成立(5月、地域生活課題における地域住民の解決責任の拡大) ・介護保険法等の改正(5月、年金収入340万円以上一部負担3割の導入)	
	・個人の力だけで備えることに限界がある生活上のリスクに対して、幾世代にもわたる社会全体で、国民の生涯にわたる生活を守っていくことが社会保障の役割である ・病気や負傷をした場合には、一定の自己負担で必要な医療を受けることができ、現役引退後の高齢期には、老齢年金や介護保険により安定した生活を送ることができる ・社会保障制度改革推進法に基づき設置された「社会保障制度改革国民会議」では、各分野の改革の具体的	・公的医療保険の保険給付は、医療サービスの現物給付が中心であり、各医療保険制度で共通している。費用の一部は患者が負担し、義務教育就学前の子どもは2割、義務教育就学後から70歳未満は3割、70歳以上75歳未満の者は2割(2014(平成26)年4月1日までに70歳に達している者は1割に据え置き)、75歳以上の者は1割である。ただし、所得に応じた負担をいただく観点から、70歳以上の高齢者のうち、現役並みの所得者(年収が約370万円以上)

113

平成29（2017）年度版	方向性が議論され、2013（平成25）年8月に取りまとめられた報告書の総論においては、日本の社会保障モデルを「1970年代モデル」から「21世紀（2025年）日本モデル」へと転換を図り、全ての世代が年齢ではなく**負担能力に応じて負担し支え合う「全世代型の社会保障」**を目指すべきとされた • 医療及び介護の提供体制については、サービスを利用する国民の視点に立って、ニーズに見合ったサービスが切れ目なく、かつ、効率的に提供されているかどうかという観点から再点検していく必要がある • 社会保障の機能は、主として、1)生活安定・向上機能、2)所得再分配機能、3)経済安定機能の3つがあげられる	については現役世代と同じ3割負担である • 現行の公的医療保険制度においては、**応能負担の観点から保険料や自己負担額において低所得者への配慮を行う**一方、全ての国民は状態に応じて必要な医療サービスを受けることができるので、医療という現物サービスを通じて、所得再分配の役割を果たしているといえる • 人口構造が変化していく中で、**医療保険制度及び介護保険制度については、給付と負担のバランスを図りつつ、両制度の持続可能性を確保していく**ことが重要である

出典：表1と同じ。　　注：太字は筆者。

第 2 章　白書に見る一部負担記述の変遷

おわりに——厚生労働白書は「医療保険」一部負担をどう見てきたか

　厚生労働白書（厚生白書）は、1956 年（昭和 31 年）に第 1 号が発行されて以来、その時々の経済・社会情勢を反映する形で、社会保障の制度・政策的分析と改革の世論形成を担ってきた。本章において、医療保険制度とその一部負担に関して、各年度版厚生労働白書を用いて分析してきた。もちろん、厚生労働白書のみで、医療保険に関して厚生労働省や国の思惑・政策の狙いを読み解くことは不可能であろう。
　しかし、一般国民が、各種審議会の議事録や具申・建議・答申を読むことは日常的ではないなか、厚生労働白書は、国民がもっとも手に取りやすい年報であり広報誌との位置付けもある。従って、極めて簡潔で分かりやすい表現を用い、世論形成には十分役だっていることから、白書の分析は、厚生労働省の医療保険制度の方向性の一端を知る適切な素材である。
　さて、各年代での医療保険に関しては、ここでは再掲しないが、一部負担に関して鳥瞰したい。
　国は、1958 年に国民健康保険法等の改正を行い、1961 年には「国民皆保険制度」を実行に移した。1950 年代後半から国民皆保険制度実施に当たって、「給付割合についても 5 割以上とし、国民健康保険財政の強化と相まって、漸進的に向上を期すること」（1959 年度版白書）とし、少なくとも給付割合を 5 割にし、一部負担を 5 割以下とする方向性を明白にした。
　1960 年代に入ると、7 割給付、3 割一部負担移行を明確にしていった。1960 年度版白書は、「必要なときにいつでも医療を受けられるようにするためには、給付率の引上げをはかることにより、**患者の一部**

115

負担を軽減することが必要であることはいうまでもなく、少なくとも、これを7割程度まで引き上げる必要がある」（1960年度版白書）と将来的には被用者も含めて7割給付への意欲を示し、実際、1966年の国民健康保険法改正で7割給付、3割一部負担を実現している。

　もちろん、被用者本人は10割給付で一部負担もないことから、全体の給付割合統一に向けて、国民健康保険や健康保険家族給付の給付割合が焦点となってきたが、1960年代後半になり、被用者本人の一部負担導入との方向に舵を切った。具体的には、1967年の健康保険特例法（2年間の時限立法1967年9月施行）によって被用者本人の薬剤一部負担が導入され、被用者本人10割給付が崩されたのである。

　1970年代初頭、田中角栄首相の下、日本も福祉社会を目指す方向性を鮮明にし、医療保険における一部負担見直しを行っている。1973年を福祉元年と位置付け、老人福祉法改正により老人医療一部負担分の無料化を実施した。それと同時に、健康保険法を改正し、それまで5割給付であった家族給付に関して、7割給付、3割一部負担とした。また、療養の給付に伴う一部負担が、1ヵ月一定額を超えた場合、超過分を申請により還付する高額療養費制度の導入も行った。

　福祉元年以降の1970年代は、1973年と1979年の2度にわたるオイルショックにより、高度経済成長が終焉した時期とも重なり、高齢者のみならず国民健康保険、健康保険においても7割以上給付を目指す方向性は堅持された。

　1983年には、前年の老人保健法の制定（1982年）で老人医療費一部負担が導入され、10年に及んだ老人医療無償化は終わった。また、1983年健康保険法等改正で被用者本人給付9割、1割一部負担が導入され、長きに渡り実施されてきた「被用者本人原則10割給付」が終わり、退職者医療制度が創設された。

　1983年に被用者本人9割給付を実施したが、1984年以降の論調は、全世代で8割給付を目指す意思表明となっている。1984年度版白書で

第 2 章　白書に見る一部負担記述の変遷

は、同年に健康保険法等の改正で、被用者本人の 1 割一部負担導入の理由として、「サラリーマン本人の 10 割給付は、自己負担がなく、かかった医療費がわからないため、医療費についてのコスト意識が欠如しがちであり、これが一部で患者の薬ねだりや医師の薬づけといった事態を招きかねないという点が指摘されており、適切な一部負担が医療の効率化につながる」（1984 年度版白書）とし、被用者本人への一部負担により、「医療を受けた人と受けない人との間の均衡」（1984 年度版白書）も図れるし、「医療費についてのコスト意識が明確になり健康増進への意欲が高まる」（1984 年度版白書）と説いている。

　1980 年代中盤以降の厚生白書では、このようなコスト意識の喚起、受益者間の均衡論を展開し、最終的に医療保険全体で 8 割給付を実現しようとしたことが、以下の文言から見えてくる。「受益者負担がもたらす効果としては、適切な負担を課すことにより受益者のコスト意識を喚起し、サービスの必要に乏しい者の参入を抑制し、必要の高い者に十分なサービスの提供を行うことを可能」（1985 年度版白書）、「サービス提供機関の混雑現象を緩和するとともに、無駄な給付や過剰投資といった資源の浪費を防ぐ」（1985 年度版白書）、「負担することは消費者マインドを醸成し、給付（サービス）の質を問うことになり、サービスの質向上にもつながる」（1985 年度版白書）、「（昭和）60 年代後半のできるだけ早い時期に給付率を 8 割程度で統一することが適当」（1985 年度版白書）としている。

　また、8 割給付統一に関して、1988 年度版白書は、「医療保険各制度間の給付と負担の公平化（一元化）を図るための措置を段階的に講ずることとしており、この場合、全体としての給付率をおおむね 8 割程度とすることを目標とする」（1988 年度版白書）とし、その世論形成を図り、実際 1997 年の健康保険法等の改正で、13 年ぶりに被用者本人 9 割給付から 8 割給付、2 割一部負担への改悪を行った。この時点で、国民健康保険の自己負担は 3 割を維持したことから、1980 年代の白書が宣言した

「早い時期に給付率を8割程度で統一する」（1985年度版白書）方向性は、実現されることはなかった。

　1998年度版白書は、一歩踏み込んだ発言をしている。「受益と負担の均衡という観点から、**その時々の情勢の下で国民的な選択が行われるべき課題**」（1998年度版白書）とし、給付率・一部負担率は「その時々の情勢」で選択されるべきと、実質的に一部負担率における政策的フリーハンドを国家に与えてしまう方向性を明白にした。つまり、一部負担の導入・割合には、科学的根拠はなく、情勢で適宜変更できるという横暴な論理展開をしたのである。これは、社会保障の「基本的人権の具現化」とのあり様を全く無視した論法と言える。

　2002年度版白書では、「**医療保険制度については、給付率を7割で統一**するなど、各制度・世代を通じた給付と負担の公平を図るとともに、保険者の統合・再編成や規模の拡大など運営基盤を強化しつつ、持続可能で安定的な制度を構築する」（2002年度版白書）とし、実際2002年の健康保険法等の改正により医療保険の3割一部負担の統一（2003年4月実施）を行った。

　このように白書を鳥瞰すると、1950年代後半から、5割以上の給付を目指し、1960・70年代は給付率を7割まで上げる方向を示し、1980・90年代は8割給付で統一しようとしたが、2000年代初頭からまた7割給付の方向性を明白にした。つまり、1998年度版白書が示したように、給付率・一部負担率は「その時々の情勢」で適宜変更されるものであり、根拠や理念は存在しない。

　既に、高齢者医療、介護保険においても、現役並みの所得者は、高齢者であっても3割一部負担が導入されていることから、社会保障利用における不公平是正の観点から、早い時期に、医療保険全般、介護保険においても「3割一部負担率」が標準とされる可能性が高い。これは、2017年度版白書の「医療保険制度及び介護保険制度については、給付と負担のバランスを図り」（2017年度版白書）との文言から裏付けら

第 2 章　白書に見る一部負担記述の変遷

れる。

　では、今後「その時々の情勢」によっては、3割以上の一部負担率はあり得るのか、の疑問が湧いてくるが、筆者は、当分はこれ以上の一部負担率増は無いであろうと見ている。

　それは以下の発言と政府の閣議決定から推測できる。

　1点目は、2001年11月29日に政府・与党社会保障改革協議会が閣議に提出し、閣議決定された「医療制度改革大綱」の文言による。同大綱の「Ⅳ　医療保険制度の改革」で、「平成15年度（2003年度）から政府管掌健康保険の保険料を予定どおり引き上げ、**必要な時に7割給付で保険間の統一を図る**」との方向性を示したこと。

　また、2点目は、2001年12月13日の第4回社会保障審議会で、中村秀一審議官（医療保険、医政担当）が、医療制度改革に関して委員に以下のように説明した。「一般の医療保険制度につきましては、**現在、サラリーマンの患者負担が本人は2割ですが、被用者保険と国民健康保険については給付率を7割に統一する。逆に申しますと、サラリーマン本人の負担は3割に引き上げると言う提案をいたしました**」[8]。

　これらの文言からも、高齢者も含めて全ての医療保険においては、一部負担を3割で止める意向が窺える。また、戦前から一部負担と医療費の関係を推計する基礎として、厚生労働省で使用される長瀬計数（後述）でも、一部負担を4割にすると医療費の逓減率が0.488、つまり、需要の5割も救えないことになり、公的保険としてはその役割を果たせなくなるのは自明である。

　従って、保険給付範囲の見直し、具体的には、保険がカバーしない部分を増やしていく方向が主流となると予測している。それは、室料差額、入院給食費等（食材費相当額、調理費相当額）が保険から外されてきた事実からも理解できる。

〈注〉
(1) 国民健康保険法（昭和33年法律第192号）42条1項1において、療養の給付に伴う一部負担は、「6歳に達する日の属する月の翌月以後であって70歳に達する日の属する月以前である場合10分の3」としている。
(2) 吉村仁（1983）「医療費をめぐる情勢と対応に関する私の考え方」『社会保険旬報』1424号、社会保険研究所、pp12-14。
(3) 第098回国会　社会労働委員会　第10号
kokkai.ndl.go.jp/SENTAKU/syugiin/098/0200/09805190200010c.html
最終閲覧日2019年3月15日。
(4) 公衆衛生審議会（1996）「生活習慣に着目した疾病対策の基本的方向性について（意見具申）」1996年12月。
(5) 田中総一郎（2018）「介護保険の構想と形成過程」『社会保障研究』vol.3, No.1, p102. 国立社会保障・人口問題研究所。
(6) 田中総一郎（2018）「介護保険の構想と形成過程」。
(7) 厚生労働省告示（2013）「国民の健康の増進の総合的な推進を図るための基本的な方針」2013年厚生労働省告示第195号。
(8) 厚生労働省（2001）第4回社会保障審議会議事録2001年12月13日。
https://www.mhlw.go.jp/content/shingi_0112_txt_s1213-3.txt　最終閲覧日2019年4月3日。

第 3 章

医療保険一部負担に関する先行研究

1. 厚生労働白書は医療保険「一部負担」の根拠を示せたか

　医療保険における一部負担の根拠を示す先行研究は、経済学者、医療経済学者、法学者、社会保障法学者など多岐にわたる研究者による文献がある。ここでは、1990年代以降の論文等に限定しレビューしたい。

　先ずお断りしたいのは、筆者は、医療保険においてサービス利用時の負担を一貫して「一部負担」としているが、多くの研究者は、「自己負担」、「患者負担」、「利用者負担」との単語を使用している。この違いは、「負担」を所与のものと考えるのか否かであり、筆者は、医療保険給付に伴う負担だけではなく、社会保険全般のサービス受給の際の一部負担は廃止すべき、と考えており、「一部負担」との文言にこだわり使用している。

　さて、1980年代以降の厚生労働白書（厚生白書）では、一部負担に関し、その存在の理由と意義を何度か記述している（表8）。しかし、一部負担の存在を、国民が十分納得できるだけの説明がなされているとは言い難い。

2. モラルハザード、濫用防止は心理的圧力

　1980年代以降の厚生労働白書（厚生白書）では、医療保険サービス利用に伴う一部負担の根拠を、「コスト意識、濫用の防止」から説明されている場合がほとんどであった。ただ、2000年代以降の厚生労働白書では、そもそも「一部負担」の根拠等の説明がなされないまま、所与のものとして扱われていることに特徴がある。

第 3 章　医療保険一部負担に関する先行研究

表 8　厚生労働白書に見る医療保険「一部負担」の存在と意義

一部負担の意義	厚生労働白書による記述
コスト意識、濫用の防止	・「サラリーマン本人の 10 割給付は、自己負担がなく、かかった医療費がわからないため、医療費についての**コスト意識**が欠如しがちであり、これが一部で患者の薬ねだりや医師の薬づけといった事態を招きかねない」（1984 年度版白書） ・「**コスト意識**が明確になり健康増進への意欲が高まる」（1984 年度版白書） ・「適切な負担を課すことにより受益者の**コスト意識**を喚起し、サービスの必要に乏しい者の参入を抑制し、必要の高い者に十分なサービスの提供を行うことを可能」（1985 年度版白書） ・「サービス提供機関の**混雑現象**を緩和するとともに、無駄な給付や過剰投資といった**資源の浪費**を防ぐ」（1985 年度版白書） ・「負担することは**消費者マインド**を醸成し、給付（サービス）の質を問うことになり、サービスの質向上にもつながる」（1985 年度版白書） ・「無制限な資源の利用を防ぐ」（1995 年度版白書） ・「適正な**コスト意識**を喚起する等の観点」（1996 年度版白書） ・「サービス利用者（受益者）としての自覚やサービス費用に対する意識（**コスト意識**）の喚起」（1997 年度版白書） ・「**費用に対する意識の喚起**」（1997 年度版白書） ・「サービス利用者（受益者）としての自覚」（1998 年度版白書） ・「サービス費用に対する意識（**コスト意識**）の喚起」（1998 年度版白書） ・「患者サイドに**コスト意識**が働く」（2007 年度版白書） ・「「**モラルハザード**」ともいえる事態を回避するための工夫」（2012 年度版白書） ・「患者側には、本当に必要なときに診察を受けようとするインセンティブが働き」（2012 年度版白書）
社会的公平	・「**医療を受けた人と受けない人との間の均衡**」（1984 年度版白書） ・「医療サービスを受ける者と受けない者の間の**負担の公平**」（1995 年度版白書） ・「受診する人とそうでない人の間の**負担の公平を図る**」（1996 年度版白書） ・「サービスを利用する者としない者との**負担の公平**」（1997 年度版白書）

資源配分の効率化	・「適切な一部負担が医療の効率化につながる」（1984年度版白書） ・「医療サービス提供者側にも、本当に診療を必要と考えて受診しにきた患者を効率よく診療しようとするインセンティブが働く」（2012年度版白書）
健康自己責任、自立自助	・「被保険者の自己責任の喚起」（1995年度版白書） ・「医療費用を認識することにより健康への自己責任の自覚を促し」（1995年度版白書）

出典：厚生労働省　過去の白書　厚生白書（厚生労働白書）
　　　https://www.mhlw.go.jp/toukei_hakusho/hakusho/kousei/
　　　最終閲覧日2019年3月5日、各年度版『厚生白書（厚生労働白書）』より筆者作成。
注：太字は筆者。

　その次に多かったのは、医療サービスを受ける者とそうでない者との公平、つまり「社会的公平」の観点からである。1980年代から1990年代にかけて主張され、2000年代以降はこの観点での記述はない。
　また、資源配分の効率化、健康自己責任、自立・自助の観点から一部負担の根拠が示されている。
　先行研究においても一部負担の根拠を、「モラルハザード」に求めているものが多い。
　牛丸聡は、「自己負担の軽減が、患者の過大需要や医者の過大供給をもたらし、過大な診療が行われる場合も出てくる。これが、『モラル・ハザード』である。これは、資源配分の効率性の面ではもちろん好ましくない」[1]とし、一部負担の軽減が及ぼす影響として「モラルハザード」を持ち出していることから、一部負担を所与のものとの前提で論じていることが分かる。
　大野吉輝は、「無料のもとでは、人びとはそのサービスを過度に利用するきらいがある」[2]、「利用者負担には濫用を防止する働きがある」[3]と、無料ではなく一部負担の必要性を説いている。
　ロビンソン・レイは、「時として自己負担がないことに対しては、それが医療サービスに対する過剰な需要を促し、その結果支出がつり上げ

られるとの批判がなされる。このことは、一般に『モラルハザード』の問題とよばれている。自己負担が導入されるかもしくは引き上げられることで、個人は医療サービスの費用をより一層意識する様になり、本当は必要ではない医療サービスの利用を控える様になるだろう」[4]としているが、ロビンソン自身は、一部負担の拡大には懐疑的である。

遠藤久夫は、「ほとんどの医療保険において患者に一定の自己負担を課している。その第1の理由はモラルハザードの抑制である」[5]、さらに「保険に自己負担を設ける理由は、財政上のリスクの一部を被保険者に負わせることによりモラルハザードを抑制しようというものである」[6]と一部負担の目的を説明している。

法学者の菊池馨実は、「利用者負担は本来、過度のサービス利用に係るモラル・ハザードの防止といった趣旨に基づくもの」[7]であるとしている。

確かに、先行研究の多くが、一部負担存在の根拠を「モラルハザードの抑制」に求めているが、そもそもモラルハザードが起きているのかは、疑問である。例えば、この点を小児科で幾分検証してみよう。

現在では、ほとんどの自治体が小児医療費の助成を行い、特に学齢前の児童に関しては、窓口での一部負担支払いが無いのが通例である。東京都では、2007年10月から中学卒業までの児童に関して一部負担を無償とした。小児の受診に際して、平日は、「付き添う親に用事がある」、「忙しい」との理由から、平日の日中医療機関で長時間待たされるより、コンビニエンスストアに気軽に訪れるように、休日や夜間診療を利用する、いわゆる「コンビニ受診」が横行していると言われている[8]。

東京都が中学までの児童の医療一部負担を無償とした2007年以前と以後で、休日・夜間診療は、増えているとは言えないし、むしろ無償後は取扱患者数が減少傾向にある。2009年度に関しては、他の年よりも幾分取扱患者数が多いが、この年は新型インフルエンザの罹患者が

表9　東京都における休日・夜間診療事業（小児科）の実績

（単位：人、施設）

年　　　度	2001年度	2002年度	2003年度	2004年度	2005年度	2006年度
取 扱 患 者 数	270,484	313,142	317,869	331,615	340,992	323,420
うち入院患者数	14,955	14,644	15,660	15,858	17,002	16,472
指 定 施 設 数	51	47	47	47	49	49

年　　　度	2007年度	2008年度	2009年度	2010年度	2011年度	2012年度
取 扱 患 者 数	290,451	256,574	301,699	262,304	262,140	251,120
うち入院患者数	15,447	14,484	15,854	16,360	16,410	16,789
指 定 施 設 数	47	47	47	46	47	50

出典：東京都小児医療協議会『東京都における小児初期救急医療体制について』東京都、2013年10月、p8より筆者作成。

増えたことが影響している（表9）。

　実際には科学的に検証できていない「受診の濫用、モラルハザード」を強調する背景には、一部負担を増額・増率する理由として、国民に心理的圧力をかけやすいからと理解できる。このような心理的圧力は、医療法の改正からも見て取れる。

　2014年の医療法改正で、6条の二「3」として、「国民は、良質かつ**適切な医療の効率的な提供に資するよう**、医療提供施設相互間の機能の分担及び業務の連携の重要性についての理解を深め、医療提供施設の機能に応じ、**医療に関する選択を適切に行い**、**医療を適切に受けるよう努めなければならない**」と国民の医療受診での努力義務が初めて記載された。要は、"医療の濫用"をしないよう、**受診の自己抑制を迫っている**とも読めなくはない。

　「医療を適切に受けるよう努め」なければならないとしているが、その前提は、医療情報をいかに正確に掴み、「医療に関する選択を適切」に行うことができるか、にかかっている。しかし、今日働く国民の4割が非正規労働者で、いつ首を切られるかもわからない不安定な状況で働き、ダブルワーク、トリプルワーク、長時間労働の中で、医療情報を得て、加えて正確に理解することができるであろうか。労働の格

差は、所得格差、情報格差にも繋がるし、自己責任を迫れば、結果的には、重症化・重篤化した段階でしか医療機関にはかかれなくなるのは目に見えている。

　医療ほど、素人の自己判断が危険なことは広く知られているはずであり、具合が悪いと感じたら、早急に医療機関にかかり、医師の診療を受けることが肝要である。

3．医療サービスは「私的財」なのか

　大野吉輝は、社会保障財源調達の視点から、「社会保障の諸給付が生み出す便益は、その大部分が個々の受給者に帰属する。この意味において、私的性格あるいは私的財的性格が強いといえるのである。なかには母子保健対策の諸サービスのように、準公共財に属するとみられるものもあるが、全体としてみると、社会保障の諸給付は私的財としての性格が強い」[9] ことから、「国防などの公共財の供給に必要な財源は公費負担でまかなうほかないのであるが、社会保障の場合には、社会保険料や利用者の自己負担も用いることができる」[10]、「財政方式や財源構成は、個々の制度によって異なるし、また、国や時代によっても異なっている。その背景には、社会保障給付は私的財的な性格が強いという事情がある。そのために、社会保険料や利用者の自己負担などの公費負担以外の手段による財源調達になじむのである」[11]、としている。

　さて、経済学では、私的財と公共財は、以下の点で区分することができるとされている。私的財は、誰かが消費してしまうと、他の消費分は減じ、消費が「競合」する。片や、公共財は、利用者が増えても、その財やサービスを利用できなくはならないとする「非競合性」が存在する。例えば、国防、外交、警察のように、社会にとって必要ではあるが、市場での供給が難しい財・サービスが「公共財」に当たる。

さらに、私的財は、代金を支払ったものだけが消費でき、支払わなかった者を「排除」できる。公共財は、代金を支払っていなくても排除されない「非排除性」があるとされている。

　そもそも、医療サービスを含む「社会保障」が私的財と言えるのであろうか。私的財の特徴の一つに「排除」が存在するが、**国民の健康権、生存権を含む基本的人権を、代金の支払いの有無で選別・排除できるのであろうか。**所得格差、労働格差の拡大している現代社会で、代金の支払いの有無を理由にサービス利用を選別すれば、本来医療の最も必要とされる「低所得者」を排除することにつながる。医療を含む社会保障は、人権原理に立脚し無差別平等を原則に供給されるべきであり、その意味では「公共財」として供給されるべきである。

　大野は、社会保障を「私的財」として理解した上で、社会保障における「一部負担」（大野は「利用者負担」としている）の機能を以下の5つに区分している。「収入の調達」、「需要の抑制」、「濫用の防止」、「優先順位の変更」、「受給者への負担配分」である。

　「収入の調達」は、「利用者負担がそれに見合う収入をもたらすことは明らかである」[12]とし、医療保険であれば、保険料に加え「一部負担」がその財源調達に寄与していることを挙げている。

　「需要の抑制」では、「利用者負担は当該サービスに対する需要を減少させる方向に作用するといえる。その度合いは、需要の価格弾力性の大きさに依存する」[13]と説明している。「濫用の防止」は、「無料のもとでは、人びとはその**サービスを過度に利用するきらいがある**」[14]、「**利用者負担には濫用を防止する働きがある**」[15]としている。しかし、需要の抑制と濫用の防止は、別機能というよりは、同じ機能を違う言葉で説明しているに過ぎない。

　「優先順位の変更」は、「利用者負担が導入されるならば、当該サービスの効用がそれよりも低い者は利用を断念するであろう。その結果、利用の効用がより大きい者に利用者が入れ替わり、利用者全体としての効用

が増加する」[16]と説明している。

「受益者への負担配分」機能は、「**当該サービスの供給に必要な費用の一部あるいは全部を個々の利用者に配分することを意味する**」[17]としているが、これは「収入の調達」と表裏一体であり、2つの機能として分ける必要があるのか、筆者には理解できない。

さて、大野が示した5つの機能は、果たす役割としての「機能」を示したというよりも、現代社会における、特に保守主義層が望む「一部負担導入の目的」と位置付けられるのではなかろうか。

また、大野は、一部負担導入で得られるメリットを「**資源配分の効率性**」、「**社会的公平の確保**」、「**自立・自助の助長**」、「**公的負担の軽減**」の4つを挙げている。

「資源配分の効率化」では、「濫用の防止が**資源配分効率を高めること**は明らかである。濫用というほどではないとしても、医療や福祉サービスが過度に利用されるような場合には、**需要の抑制も効率を高める方向に作用する**」[18]、「**受益者への負担配分については、コスト意識を強めることを通じて効率性を高める効果が期待できる**」[19]としているが、一部負担の存在により、本当に必要な者に医療が配分されるのかは疑問が残る。

ロビンソンは、「**患者負担は、効果的な処置も効果のない処置（あるいは適切でない処置）も含めてその利用を低下させる**」[20]、また、アメリカ人を対象とした8つの調査結果から、「**患者負担は適正な医療需要も不適正な医療需要も減少させる傾向がある**」[21]と指摘し、本来効果のない処置、不適正な医療需要だけを減らすのではなく、効果的な処置も適正な医療需要も減らすと説いている。また、「**自己負担は、医療利用を大幅に抑制するが、それは貧しい人々に特に顕著に作用する**」[22]とし、効率化の下に、貧しい者を医療から遠ざける危険性も指摘している。

大野は、「社会的公平の確保」では、「医療サービスも、介護サービスも、その他の福祉サービスも、**私的財の性格を有しているのである**。

また、それらのサービスは選択的性格を有しているから、利用者と非利用者の区別が生じるし、利用者の間でも利用度の差異が生じていることになる。そこで、それらの点にかかわる負担の公平をはかる必要がある。そのなによりの手段は、利用者から適正な利用者負担を徴収することである。そうすることによって、利用者と非利用者の区別や利用度の差異に関する社会的公平を確保することができる」[23]と説明している。

　しかし、ロビンソンは、この公平性に関しても、「患者負担と健康状態の関連を調べ、患者負担は失業者とホームレスの健康状態に悪い影響を与えるという証拠を明らかにしている」[24]とした上で、「患者負担を用いることの必要性は、不必要な需要を制限することとは矛盾しないが、広く公平性を維持する目的とは矛盾する」[25]とも指摘している。つまり、医療保険における自己負担は、大野が指摘する「社会的公平の確保」なるメリットは発揮できないのである。

　大野は、「自立・自助を助長」として、「無料のもとでは人びとはとかく公的施策に安易に依存することになりがちである。この点に着目するならば、利用者負担には自立・自助を助長する効果がともなう」[26]と指摘している。

　自立・自助の助長は、大野が示すように、その前提となる考え方が、無料により公的施策に安易に依存することから「一部負担を導入」し、利用を抑制することで、その効果性が現れるとの発想である。しかし、大野は、一部負担の導入（あるいはその増額）が、自立・自助を助長するとのエビデンスを示していない。また、この点が証明された調査・研究も見当たらない。つまり、大野が言う「自立・自助を助長」は、そうなってほしいとの希望的観測であり、一部負担導入のメリットとは到底考えられない。

　大野は、一部負担には「公的負担の軽減」のメリットがあるとしているが、これは、結果としてのメリットなのか、そもそも公的負担を軽減するために一部負担を増額しているのか、日本は後者だと言えよう。

例えば、この点を国民健康保険財政で見てみよう。1984年に国保に対する国庫助成金が医療費ベースで45.0％から38.5％に引き下げられている。この影響で、国保財政の総収入に占める国庫助成金の割合は、1984年49.8％から2005年には30.6％に、さらに2016年には国保総収入16兆218億円に対して、国庫助成金は3兆3946億円で、その割合は総収入の21.2％である。

　1980年代以降は医療保険制度改革が急激に進んだ時期でもある。1983年には、老人保健法施行（1982年成立）で、1973年から続いた老人医療費無料制度の廃止。1983年より、高齢者の一部負担が復活。当初は定額負担であったが、2001年より定率1割負担、2002年からは現役並所得者2割、2006年より現役並所得者3割負担の導入。2008年よりは75歳以上の高齢者を別建てに「後期高齢者医療制度」を導入し、1割負担と現役並所得者3割負担とした。また、同じ年、70～74歳までの高齢者に関しては2割負担、現役並所得者3割負担とした。

　これらの改革に連動する形で、国民健康保険において公的負担を削減したのは明らかである。

　この点に関して相澤與一は、「1980年代以降の窓口『一部負担』は、保健医療においても市場原理主義的な自己負担の原則を再強調し、**患者の自己負担を強めて公費および企業負担を削減し、公的医療給付費を抑制する政治的動機によって再導入されるか拡大されるかしたのであり**、医療保障の基本原則から逸脱しそれを損なうものである」[27]、「医療費は全額税収入によるか、または税収入と医療保険料収入によるかして、公的に調達されて支弁されるべきであり、**必要不可欠な医療は商品売買的に窓口で有料とされるべきではない**」[28]と指摘している。

　また、ロビンソンは、「患者負担による公平性への影響に関する研究も、問題を提起している。ランドの調査やその他の研究は、患者負担が、低所得者と社会的に弱い立場の人に対して不当に大きな影響を与える傾向があることを示している。**患者負担を全額もしくは部分的に**

免除することより、患者負担がもたらす負の効果を弱めることはできるが、免除制度は複雑であり管理費を高くする」(29)、しかし、「なぜ政策立案者は、その短所を示すはっきりとした証拠があるにもかかわらず、患者負担の政策に惹かれるのであろうか。一つの理由として、自己負担は右派の政党に訴えることが大きい点が考えられる。右派政党にとって、利用者の負担を課すことは、経済的観点からすると、市場に依拠する手段の一部と考えられることが多いし、政治的観点からは、個人責任の象徴と考えられることが多い」(30)、「自己負担がエリートである医療提供者のグループに喜ばれるということはあきらかであろう。なぜなら、公的支出が抑制されている状況のもとでは、自己負担は、医療の支出を確保する手段を提供するからである。自己負担は、利用者の間では人気がないが、彼らは通常あまり強い政治的な影響力をもっていない」(31) としている。

　ロビンソンは、公的支出、一部負担を、政治的観点から分析している。右派の政党は、「患者負担の政策に惹かれる」し、逆に「自己負担は、利用者の間では人気がないが、彼らは通常あまり強い政治的な影響力をもっていない」とし、極めて恣意的な政治的観点から、医療保険の公的支出、一部負担が決定され、医学的・保健的観点からではないことを強調している。

〈注〉
(1)　牛丸聡（1998）「社会保障の機能」p73、地主重美・堀勝洋『社会保障読本［第2版］』東洋経済新報社。
(2)　大野吉輝（1998）「社会保障の財源調達」p91、地主重美・堀勝洋『社会保障読本［第2版］』東洋経済新報社。
(3)　大野吉輝（1998）「社会保障の財源調達」p91。
(4)　ロビンソン・レイ（2004）「医療における自己負担」pp189・190、モシアロス・エリアス他編著・一圓光彌監訳『医療財源論　ヨーロッパの選択』光生館（原著2002年）。
(5)　遠藤久夫（2007）「患者負担の国際比較〜自己負担と医療アクセスの公平

第 3 章　医療保険一部負担に関する先行研究

　　　性」p47、田中滋・二木立編著『医療制度改革の国際比較』勁草書房。
(6)　遠藤久夫（2007）「患者負担の国際比較〜自己負担と医療アクセスの公平性」p48。
(7)　菊池馨実（2014）『社会保障法』有斐閣、p36。
(8)　週刊医学新聞「上手な医療のかかり方を広めよう」2019 年 2 月 4 日付、毎日新聞「上手な医療のかかり方『コンビニ受診』が問題化」2018 年 10 月 6 日付、朝日新聞「子ども医療費、広がる窓口無償『コンビニ受診』増えた？」2018 年 8 月 20 日付等。
(9)　大野吉輝（1998）p78。
(10)　大野吉輝（1998）p78。
(11)　大野吉輝（1998）pp78・79。
(12)　大野吉輝（1998）p91。
(13)　大野吉輝（1998）p91。
(14)　大野吉輝（1998）p91。
(15)　大野吉輝（1998）p91。
(16)　大野吉輝（1998）p91。
(17)　大野吉輝（1998）pp91・92。
(18)　大野吉輝（1998）p92。
(19)　大野吉輝（1998）p92。
(20)　ロビンソン・レイ（2004）p204。
(21)　ロビンソン・レイ（2004）p205。
(22)　ロビンソン・レイ（2004）p206。
(23)　大野吉輝（1998）pp92・93。
(24)　ロビンソン・レイ（2004）pp207・208。
(25)　ロビンソン・レイ（2004）p207。
(26)　大野吉輝（1998）p93。
(27)　相澤與一（2010）『医療費窓口負担と後期高齢者医療制度の全廃を〜医療保障のルネサンス〜』p48、創風社。
(28)　相澤與一（2010）p48。
(29)　ロビンソン・レイ（2004）p211。
(30)　ロビンソン・レイ（2004）p212。
(31)　ロビンソン・レイ（2004）p212。

第 4 章

一部負担の受診抑制と世界のトレンド

1．一部負担と受診抑制

　医療保険等におけるサービス受給時の一部負担の存在・増額に受診抑制効果があることはよく知られている。

　戦前、旧内務省の数理技官長瀬恒蔵は、「医療費の自己負担が増えると受診抑制が起こり医療費は減少する」[1]との長瀬計数を開発した。具体的には、医療費を、患者負担率を変数とした減少関数であると仮定し、10割給付の被保険者1人当たりの医療費を1とした場合の、各給付率における1人当たりの医療費比率を算出できるとする二次関数を推計した（表10）。例えば3割負担であれば、無料に比べて、医療費が約6割（0.592）にまで減少することが理解できる。

　この長瀬計数は、現在も医療費低減効果分析に多用されている。2003年3月7日の第156回国会参議院予算員会において、小池晃参議院議員が、その年の4月から被用者本人と被用者家族も含めて一部負担が3割になることを踏まえ、受診抑制に関して政府を質したのに対して、厚生労働省保険局長：眞野章（当時）が、一部負担と医療費抑制に関する計算において、長瀬計数を用いたことを答弁している。

表10　医療費の逓減率

負担割合	医療費の逓減率
無　　料（0割）	1.000
1割負担	0.848
2割負担	0.712
3割負担	0.592
4割負担	0.488
5割負担	0.400
6割負担	0.328
7割負担	0.272
8割負担	0.232
9割負担	0.208
全額負担（10割負担）	0.200

出典：長瀬恒蔵（1935）『傷病統計論』健康保険医報社より筆者作成。

　　小池晃「実際2割を3割ですから、これは引き上げ率50％ということになるわけで、このデフレ時代にこんな大幅な値上げ、公共料金でも例がな

第4章　一部負担の受診抑制と世界のトレンド

　いと思います。（中略）患者負担を引き上げれば必ず受診抑制が起こる。2割を3割に引き上げるんですから、上がることは間違いないんです。3割負担によって一体どれだけの受診抑制が起こるというふうに厚生労働省としては計算しているのか、お示し願いたいと思います」

眞野章（当時：厚生労働省保険局長）「15年度（2003年度）におきましては、窓口負担の変更によります医療費への影響を約3,800億円と見込んでいます」

小池　「それではなくて、その数字に至った計数、長瀬指数があると思うんですが、そこを説明していただきたいんです」

眞野　「長瀬計数と言いますものは、制度改正によります給付率の変化に伴いまして医療費の水準に一定の変化が生じるということに着目しました厚生省の数理の技官が算定した方式でございます。それによりまして、今回の計算につきましては、平成9年（1997年）におきまして窓口負担を1割から2割に見直した際の実績を基礎として今回計算をしたものです」

小池　「長瀬計数でいえば、医療費無料の時を1000とすると7割給付で592というのが計数だと思いますが、それは間違いないですね」

眞野　「医療費への影響率、三角（△＝マイナス）3.4というふうに計算いたしております」

小池　「説明。ちょっと今のじゃわからない」

眞野　「2割負担の時の給付率と3割負担のときとの給付率を計算いたしまして、医療費への影響は3.4％程度減少するというふうに見込んでいます」[2]

　一部負担の割合が増えることで、本来医療が必要な者を排除する可能性は先に示したロビンソンの論考からも窺える。

　さて、一部負担や医療費負担が、医療需要との関連性を、所得階層別に分析した研究がある。例えば、我が国の医療実態を調査し、医療政策等を提案している非営利団体「日本医療政策機構」は、医療に関する世論調査を毎年行っているが、2008年1月に実施され同年8月に公表された「日本の医療に関する2008年世論調査」[3]では、「過去12

ヶ月以内に、**費用がかかるという理由**で、医療を受けることを控えたことがありますか」との問いに対して、「**薬を処方してもらわなかったことがある**」は、高所得・高資産層（年間世帯収入 800 万円以上かつ純金融資産 2000 万円以上）で 2％、中間層（高所得・高資産層、低所得・低資産層、以外）で 11％、低所得・低資産層（年間世帯収入 300 万円未満かつ純金融資産 300 万円未満）で 16％、であった[4]。また、「具合が悪いところがあるのに医療機関に行かなかったことがある」は、高所得・高資産層で 18％、中間層で 29％、低所得・低資産層で 39％、であった[5]。

　この結果から、同機構は、「経済力により受診抑制の実態に差があること、とくに**所得・資産が低くなるほど、より受診を控える傾向にある**ことが明らかになり、経済力により医療へのアクセスに『格差』が生じている実態が改めて明らかとなった」[6]としている。

　また、同機構が 2013 年 7 月に公表した「2013 年日本の医療に関する世論調査」（日本医療政策機構が、2012 年 12 月〜2013 年 1 月、全国無作為抽出の男女 1650 人に対して訪問留置で実施した世論調査。有効回答率は、61.4％。）では、「過去 12 ヶ月以内に、具合が悪いのに医療を受けることを控えたことがありますか」との問いに、26％ が「ある」と回答している[7]。

　前記両調査、特に 2008 年調査からは、医療受診における一部負担の存在には受診抑制があり、またそれが低所得・低資産層に顕著であったことが明らかとなった。

2．一部負担増による受診抑制の研究事例

　さて、一部負担増が医療受診行動にどのような影響を及ぼしたのかに関しては、以下の 2 つの有益な研究が存在する。1 つは、吉田あつし、伊藤正一の論文「健康保険制度の改正が受診行動に与えた影響」[8]である。もう 1 つは、畝博の調査「医療費の自己負担増による高血圧

症患者と糖尿病患者の受診行動の変化」[9]である。

　この2つの調査研究は、年代的には若干古いが、患者一部負担が1割から2割へと倍加した1997年9月を画期としていることと、受診抑制に関して吉田らの研究では年齢階層別の差異、畝の研究では疾病別の差異を扱い、この点は、それ以後の研究ではあまり見られない特徴と言える。また、本節の狙いは、患者一部負担の増加が受診行動にどう影響を及ぼすかであることから、少し古い調査であることが現時点でその傾向を否定する要因にはならないし、また、日本医療政策機構の2008・2013年調査結果がその点を補強するものと考える。

　さて、吉田と伊藤は、1997年9月実施の健康保険制度改正により、被用者本人一部負担の1割が2割への増加、扶養家族の薬剤等の一部負担の導入が、若人（老人医療制度の適用を受けない医療保険被保険者とその家族）の外来の受診行動にどのように影響を与えたのかを、レセプトを用い統計的な分析を行っている。吉田らは、「医療機関に1年間で一度も行かない確率については、改正により『本人』、『家族』ともにほぼ同程度上昇し、年齢が高くなるほどこの確率が大きくなっている」[10]、「診療日数については、『本人』はほとんどの年齢層で同程度に減少したが、『家族』については高い年齢層ほど大きな影響を受け、特に『61歳～69歳』層にもっとも大きな抑制効果をもった」[11]とし、一部負担増が受診抑制に繋がったことを明らかにした。

　畝は、1997年9月実施の健康保険制度改正により、被用者本人一部負担1割から2割への増加が、高血圧症患者と糖尿病患者の受診行動に与えた影響について実証研究を行っている。畝は、「定率1割から2割への自己負担増は高血圧症および糖尿病の患者の受診行動に影響を与えており、その影響は糖尿病患者に、より顕著であった」[12]とし、当時2003年に実施が予定された健康保険被用者本人3割負担への負担増に対し、「このような医療費の自己負担増は高血圧症や糖尿病などの慢性疾患の受診を抑制し、その結果、脳血管疾患や腎不全などの重篤な合

表11　主要国の医療保障制度と一部負担

	日　本	ドイツ	フランス	スウェーデン	イギリス
制度類型	社会保険方式	社会保険方式	社会保険方式	税方式による公営保健・医療サービス ＊広域自治体（ランスティングが運営）	税方式による国営国民保健サービス
自己負担	・外来： 2013年より一部負担撤廃（それ以前は、四半期毎に10ユーロの負担が求められた） ・入院： 入院診療1日10ユーロ（年間28日まで）。ただし、18歳未満は無料。 ・薬剤： 10％（5～10ユーロの範囲内）ただし18歳未満は無料。	・外来：30％ ・入院：20％ ・薬剤：35％ 一部負担分を補填する「補足疾病保険」が発達しており、ほとんどの一部負担はカバーされる。国民の約8割が加入。ただし、外来診療負担金（1回1ユーロ、年間50回まで）、入院定額負担金（1日18ユーロ）は、補足疾病保険からの補填が禁じられている。	・外来： ランスティングが独自に設定。法律により、患者の年間一部負担上限は、1,100クローナと定められている。ただし、20歳未満は無料。 ・入院： 日額上限100クローナの範囲内でランスティングが独自に設定。ただし、20歳（ランスティングによっては18歳）未満は無料。 ・薬剤： 全国一律の一部負担額	原則一部負担なし

出典：厚生労働省「OECD加盟国の医療費の状況」（www.mhlw.go.jp/file/06-Seisakujouhou-12400000-Hokenkyoku/ 最終閲覧日2018年9月20日）より筆者作成。

併症を引き起こし、結果として、より多くの医療費が必要となり、社会のコストが増大する可能性がある」[13]との見解を示している。

　社会保険における"一部負担"が、受診・サービス利用抑制につながるのは、前述の通りであるが、世界的には負担が無いか、あっても僅かである。

　例えば、社会保険の祖国と言われるドイツは、介護保険に関してはサービス利用に際しての自己負担は存在しない。また、医療保険では、

外来は 2013 年より無料、入院診療 1 日 10 ユーロ（年間 28 日まで）、薬剤処方 10%（5〜10 ユーロの範囲内）の低額負担であり、一般的に患者の年間負担上限は世帯年間実質所得の 2% 以内と定められている。また、重症慢性疾患患者（連邦共同委員会のガイドラインによる）の年間負担上限は世帯年間実質所得の 1% 以内である。

3．一部負担無料化の意義

　社会保険は、私的保険とは異なり国民に加入を強制することから、当然保険料を支払えない加入者を抱える。従って、低所得者等の保険料部分をカバーする国庫負担・公費負担が存在する。また、社会保険に守られる労働者や国民がいることで、企業は労働者が抱える社会問題である疾病・介護・失業等に対して、予想を超える個別的費用支出を回避できることから、応分の保険料支払いを求められる（リスク分散）。この国庫負担・公費負担や企業負担を"社会保険における社会扶養原理（＝人権原理）"と呼ぶ。当然、社会保険においては、労働者・国民のうち支払い可能な人が、保険料を納付することとなる。つまり、社会保険財政を支えるために、企業の保険料、労働者・国民の保険料、国庫負担・公費負担が存在することから、社会保険によるサービス給付時に労働者・国民から再度一部負担を要求することは、受診抑制・サービス利用抑制のそしりを免れないし、ましてや費用の二重徴収と言わざるを得ない。

　この観点から一部負担を考察すれば、その負担の増額に問題があるというよりも、そもそも社会保険においては、利用時の一部負担はあってはならないと考えられる。

　最新の研究では、例えば子どもの外来通院費の助成拡大が、結果的に入院を減らす効果があったことが報告されている[14]。慶応大学准教

授の後藤励と京都大学大学院経済研究科大学院生の加藤弘陸は、2012・13年に全国の977病院に1,390市区町村から入院した6〜18歳の延べ36万6,566人分の患者データを入院費との関連で分析した。その結果、低所得地域（2012年の市町村の一人当たり課税対象所得が中央値275万5,000円よりも上の自治体を「高所得地域」、下を「低所得地域」とした）は助成対象年齢を引き上げた所で、全体的に入院が少なくなった、としている。また、助成対象を12歳から15歳に引き上げると、入院数が5％減少する関連性も発見したとしている。

後藤らは、「低所得地域では家計が苦しく病院に行けなかったり、慢性的な病気にかかりやすかったりした患者が、医療費助成で外来診療を利用しやすくなり、結果として入院が減った可能性がある」[15]と指摘している。この調査からは、過剰受診やモラルハザードの問題よりも、医療費助成による実質的無料化により、必要な外来が受診でき、結果的に入院治療を回避できていたことが窺え、医療費適正化の観点からでも、「一部負担増」ではなく「一部負担無料化」が一定の効果性があることが理解できる。

また、兵庫県保険医協会は、2019年3月27日、子どもの医療費を無料化しても「安易な受診」は増えないとする調査結果を公表した。兵庫県は、子ども医療費の一部負担の窓口での負担を中学3年まで無料としている自治体は2012年の10から2017年には35と、3.5倍に拡大した。その間、県内18カ所の「休日・夜間応急診療所」の受診者数を調査した結果、2012年では年間13万5,154人から、2017年には12万9,416人へと約96％に減少していることが分かった[16]。

同調査結果の公表に当たって、同協会西山裕康理事長は、「子ども医療費助成制度が広がったが、休日・夜間応急診療所の小児受診者は増加していない。子ども医療費助成制度は、制度の反対論者が言うような『安易な受診』を助長していない」[17]と述べ、子ども医療費助成制度のさらなる拡大を求めた。

第 4 章　一部負担の受診抑制と世界のトレンド

表 12　兵庫県下 18 の休日・夜間応急診療所受診状況

	2012	2013	2014	2015	2016	2017	増減倍率
受診者数（小児含む）	182,149	181,232	186,332	178,741	169,605	177,782	0.98
小児の受診者数	135,154	136,917	136,991	134,721	124,493	129,416	0.96
１日患者数 （小児受診数÷365 日）	370	375	375	369	341	355	
兵庫県の 15 歳未満人口 （単位：10 人）	75,000	74,100	73,200	71,000	70,200	69,200	0.92
15 歳未満人口に対する 受診者数比率	0.180	0.185	0.187	0.190	0.177	0.187	1.04
中３まで無料の自治体数 （所得制限あり）	8	13	17	20	19	18	2.25
中３まで無料の自治体数 （所得制限なし）	2	7	7	10	15	17	8.50
中３まで無料自治体の合計	10	20	24	30	34	35	3.50
一人当たり年間受診回数 （小児受診者数÷15 歳未満人口）	0.18	0.18	0.19	0.19	0.18	0.19	1.04

出典：兵庫県保険医協会（2019）『小児の夜間・休日応急診療所受診者数についてのアンケート結果』兵庫県保険医協会政策・運動・広報委員会。同協会事務局平田雄大氏より資料提供。

そろそろ我が国においても過剰受診を恐れるのではなく、適切な治療が受けられる意味でも「一部負担無料化」を真剣に議論すべき、と考える。

〈注〉
（1）　長瀬恒蔵（1935）『傷病統計論』健康保険医報社。
（2）　第 156 回国会参議院予算員会、2003 年 3 月 7 日議事録、http://kokkai.ndl.go.jp/SENTAKU/sangiin/156/0014/15603070014008.pdf　最終閲覧日 2019 年 4 月 2 日。
（3）　日本医療政策機構（2008）「日本の医療に関する 2008 年世論調査」pp21・22。
（4）　日本医療政策機構（2008）p22。
（5）　日本医療政策機構（2008）p22。
（6）　日本医療政策機構（2008）p21。

(7)　日本医療政策機構（2013）「2013年日本の医療に関する世論調査」p7。
(8)　吉田あつし、伊藤正一（2000）「健康保険制度の改正が受診行動に与えた影響」pp101-121、『医療経済研究』Vol.7、医療経済研究機構。
(9)　畑博（2002）「医療費の自己負担増による高血圧症患者と糖尿病患者の受診行動の変化」pp1-19、『2003年度厚生科学研究費助成金政策科学推進研究事業研究報告書』2002年3月。
(10)　吉田あつし、伊藤正一（2000）p117。
(11)　吉田あつし、伊藤正一（2000）p117。
(12)　畑博（2002）pp2・3。
(13)　畑博（2002）p16。
(14)　「毎日新聞」2017年9月5日付。
(15)　「毎日新聞」2017年9月5日付。
(16)　兵庫県保険医協会（2019）『小児の夜間・休日応急診療所受診者数についてのアンケート結果』兵庫県保険医協会政策・運動・広報委員会。同協会事務局平田雄大氏より資料提供を受けた。
(17)　兵庫県保険医協会（2019）。

第 5 章

医療保険の保険料・一部負担の未来展望

1．社会保険に一部負担は必要か

　日本の社会保障は、その制度の財政を税で運営するものと、社会保険で運営するものがある。医療保険、介護保険、年金、雇用保険、労災保険等は、社会保険方式をとっている。

　社会保険の対義語は私的保険であることは、誰しもが知っているところである。私的保険は、売買される商品であり、いわゆる保険原理を基本法則として運営される。私的保険の保険原理とは、「給付・反対給付均等の原則」、「収支相等の原則」と両者を結びつける「大数の法則」を指す。

　「給付・反対給付均等の原則」とは、生命保険を例にとって説明すると、死亡率を年齢別・男女別に計算した「生命表」を基に、被保険者毎の保険料を公平になるように算出する。換言すると、リスクの高さに応じて保険料を算出することで保険契約者の負担を公平にすることである。

　「収支相当の原則」とは、徴収した保険料総額（収入）と、支払った保険金総額（支出）が等しくなることを基本としている、ことを言う。

　「大数の法則」とは、少ないサンプルでは保険事故の頻度は必ずしも正確に算出されないが、多くのサンプルを収集することで一定の保険事故頻度を正確に把握できる、ことを言う。

　しかし、社会保険は、「社会」を冠していることから理解できるように、その運営に関し「社会的責任・公的責任」を負っている。また、私的保険は商品であるが故に、購入・参加の自由、言い換えれば、商品を購入することの出来ない消費者は、最初から排除される仕組みである。

　片や、社会保険は、法律において加入を強制することから、当初よ

り保険料を支払えない低所得者やリスクの高い者の加入を前提に制度が構築されている。したがって、**低所得者やリスクの高い者の保険料部分は、相当程度の公費投入によって賄われる。**また、社会保険の多くが、健康で丈夫な労働者の維持「労働力保全」（例えば、医療保険、雇用保険等）を意図し、高齢期や障害による労働力喪失時の支出の補填を通して消費を喚起することで「生活の向上」（例えば、老齢年金や障害年金等）を図る機能を有し、加えて、個々の労働者のリスクを個々の企業が補填するとなると莫大な費用が各企業に必要となり、倒産する企業も出かねない、それを社会保険という形で「リスクの分散」（例えば、労災保険、医療保険等）を図ることになる。このことから、社会保険は私的保険とは大きく異なり、**事業主負担（企業負担）**が存在するのである。

また、このような発想は、18世紀以降の基本的人権観の発達により、今日では、より一層重要になってきており、公費負担と事業主負担を、社会保険における「**人権原理**」、「**社会原理**」あるいは「**社会扶養原理**」と呼ぶことからも理解できる。

社会保険は、私的保険とは、そもそも違う原理で運営されていることを理解することが肝要である。しかし、2000年代に入り、厚生労働省は、社会保険の位置付けを「共助」として、私的保険のイメージを国民に浸透させようとしている。

例えば、2006年度版白書は、「人は働いて生活の糧を得、その健康を自ら維持していこうと思うことを出発点とする。このような**自助を基本に、これを補完するものとして社会保険制度など生活のリスクを相互に分散する共助があり、その上で自助や共助では対応できない困窮などの状況に対し、所得や生活水準、家庭状況などの受給要件を定めた上で必要な生活保障を行う公助があると位置づけられる**」（2006年度版白書）とし、社会保険を公的仕組みから分離し「共助」と位置づけている。

2010年度版白書も、その考え方を踏襲し、「国民生活は国民一人一人が自らの責任と努力によって営むこと（「自助」）が基本である」（2010

年度版白書)、「個人の責任や自助努力のみでは対応できないリスクに対して、**国民が相互に連帯して支え合うことによって安心した生活を保障する**ことが「共助」であり、**年金、医療保険、介護保険、雇用保険**などの**社会保険制度**は、基本的にこの共助を体現した制度」(2010年度版白書)、「自助や共助によっても対応できない困窮などの状況に対し、所得や生活水準・家庭状況などの受給要件を定めた上で必要な生活保障を行うのが『公助』であり、公的扶助(生活保護)や社会福祉などがこれに当たる」(2010年度版白書)としている。

　この考え方は、社会保険から公的責任性を大幅に後退させるものであり、今日まで世界規模で認識されてきた「人権としての社会保障」を大きく揺るがすものである。

　人権から、社会保障を考察すれば、そもそも保険事故が起こる前に保険料を支払っているにも関わらず、サービス利用時に再度「一部負担」を強いるのは、費用の二重徴収であり、利用抑制が目的との謗りは免れない。

2．国保保険料の応益割と保険料上限の廃止

　社会保険(特に、医療保険や介護保険)の一部負担廃止を志向する際、保険料問題を避けて通ることはできない。一部負担が廃止されたとしても、保険料が応能性を発揮しなければ、結局、社会保障における所得再分配機能は意味を持たないし、低所得者が排除されることにつながる。

　国民健康保険を例に考えてみたい。国民健康保険の保険料算定方式は、負担能力に応じて負荷される応能分(所得割・資産割)50％と、受益に応じて等しく負荷される応益分(被保険者均等割・世帯別平等割)50％から構成される。また、市町村によって、賦課方式は、3つ

の方式に分かれている（表13）。加えて、低所得等事情がある場合、応益分を7割、5割、2割軽減する制度が存在する。

しかし、国民健康保険料算定に際し、筆者は応益分が存在することに違和感を抱く。被用者の医療保険（健康保険）では、標準報酬月額（所得）に応じて保険料が負荷され、その他の要件が加わることはない。一方、国民健康保険は、税制の古典的手法である「人頭税」に相当する「世帯別平等割」（世帯ごとに一定額を負荷）、「被保険者均等割」（つまり、家族人数が多いほど均等割の保険料が増える仕組み）が存在する。

表13　国保料の賦課方式
（四方式・三方式・二方式）

①四方式

所得割総額	40%
資産割総額	10%
被保険者均等割総額	35%
世帯別平等割総額	15%

②三方式

所得割総額	50%
被保険者均等割総額	35%
世帯別平等割総額	15%

③二方式

所得割総額	50%
被保険者均等割総額	50%

出典：筆者作成。

この応益割の存在が、国民健康保険料を重くしている。全国知事会は国との間で、2014年以降、国民健康保険制度の基盤強化に関し協議を行っている。その第4回「国民健康保険制度の基盤強化に関する国との協議」において、厚生労働省保健局は、保険料負担に関し参考資料を提示している。同資料によれば、各医療保険の加入者1人当たりの平均保険料（加入者1人当たりの平均所得で除した額の割合）は、国民健康保険9.9％、協会けんぽ7.6％、組合健保5.3％、共済組合5.5％[1]で、単純比較すると、国民健康保険料は、組合健保保険料の約1.9倍であることを、厚生労働省も認めている。

例えば、東京23区において（2019年4月時点）、39歳以下の国民健康保険均等割は、1人当たり5万2,200円（医療分3万9,900円、支援金分1万2,300円）で、低所得層に関しては一定の減額措置はあるものの、それ以外は家族人数が多いほど均等割が増えていく。また、40～64歳に

は均等割介護分1万5,600円が加算されるので、その年齢の者の均等割は6万7,800円となり、この年齢層の多い世帯は、より負担が重くなる仕組みである[2]。

社会保険における人権原理から考えても、国民健康保険料負荷における「応益割」を速やかに廃止すべきであり、その分を国庫負担増額で補填すべきである。このような主張は、日本共産党が2018年11月1日に「高すぎる国民健康保険料（税）を引き下げ、住民と医療保険を守ります」[3]として国民健康保険政策を発表し、今後の国民健康保険改革の重要な視点を示唆した。

同政策では、均等割・平等割を廃止した場合の国民健康保険料の政令指定都市での試算を行っている（表14、表15）。その結果、国民健康保険料が、被用者保険の保険料に近い額まで減額されることが分かった。この間、福島県南相馬市が2019年4月から、高校生までの子どもの均等割を全額免除。同様の制度を、2020年4月からは、福島県白河市、岩手県宮古市が実施予定。先述の3自治体を含めて、子どもの

表14　給与年収400万円、4人家族の国保料（30歳代の夫婦と子ども2人）

地　域	現行保険料	廃止後保険料	協会けんぽ保険料
東京23区	426,200円	222,200円	198,000円
大　阪　市	419,500円	260,400円	203,400円
京　都　市	397,400円	242,000円	200,400円
札　幌　市	413,500円	280,700円	205,000円

出典：「しんぶん赤旗」2018年11月2日付。保険料は2018年11月時点の数値。

表15　給与年収240万円、単身者の国保料（20歳代）

地　域	現行保険料	廃止後保険料	協会けんぽ保険料
東京23区	162,600円	111,600円	118,800円
大　阪　市	202,200円	130,800円	122,000円
京　都　市	177,200円	121,500円	120,200円
札　幌　市	205,600円	140,900円	123,000円

出典：「しんぶん赤旗」2018年11月2日付。保険料は2018年11月時点の数値。

数に応じて徴収される均等割を独自に減免する自治体は、25カ所にまで広がっている[4]。

人権としての社会保障の視点から国民健康保険を考えれば、国民健康保険料算定における「子ども均等割」は速やかに廃止されるべきであり、近い将来、応益分（被保険者均等割・世帯別平等割）も廃止すべきである。

また、国民健康保険料には、上限が設定されている。2019年4月からは、年間所得880万円以上の場合、年間保険料80万円で頭打ちとなる。応能負担原則を志向すれば、保険料負担上限も廃止されるべきである。

ちなみに、厚生労働省の推計では、年間所得880万以上の者の割合は、国民健康保険加入者の1.99%となるとしている[5]。2018年9月時点の国民健康保険加入者総数の3,099万8千人から推計すると、61万6,860人であり、これらの者から所得に見合った形で保険料を求めるべきである。

3．健康保険における標準報酬月額の上限を撤廃すべき

健康保険料は、基本的には労働者が得る毎月の給与報酬に対して一定の保険料率を乗じて決定される。協会けんぽ（東京都）の保険料率を例にとるが、介護保険第2号被保険者に該当しない場合（40歳未満）9.90%（労使折半であることから、被用者本人実質負担分は、4.95%）、介護保険第2号被保険者に該当する場合（40〜65歳未満）11.63%（労使折半であることから、被用者本人実質負担分は、5.815%）で、労使折半になっていることから、被用者が支払う保険料は、換算された保険料の半額となる。

さて、被用者の給与報酬は、雇用される会社が違えば、同一職種であってもかなりの差があり、いわばいく通りも存在するため、個々の

被用者の「実際の給与・報酬」から保険料を算定するのが煩雑となることから、一定の幅を勘案しその中に個々の報酬を当てはめる手法を取っている、とされている。確かに制度が創設された大正・昭和期には、計算・事務処理が煩雑になることは理由になるが、現在のスパコンが存在する社会において、個々の被用者の保険料換算を理由に標準報酬月額を設定する意味はほとんどない。

具体的には、東京都の健康保険料算定標準報酬月額表（2019年4月適用）では、50等級に分けられ、最低額の給与・報酬月額は6万3,000円までで、標準報酬月額を5万8,000円とし、月額保険料は3,372.7円（介護保険第2号被保険者に該当。被用者分のみ）である。最高額の給与・報酬月額は135万5,000円以上で、標準報酬月額を139万円とし、月額保険料は8万828.50円（介護保険第2号被保険者に該当。被用者分のみ）である。

つまり、給与・報酬月額等が139万円を超える場合、健康保険月額は8万828.50円と一定であるため、高報酬を得ている者ほど低く、極めて逆進的である（表16）。月額報酬が1,000万円の者は、139万円の者の約7分1の割合の保険料負担となっている。

社会保険料負担における逆進性は、看過できない問題である。少なくとも社会保障における「所得再分配」機能を鑑みれば、逆進性は速

表16　高額所得者の健康保険料実質負担額・率

報酬月額	月額健康保険料	健康保険料実質負担割合
1,390,000 円	80,828.50 円	5.81%
1,500,000 円	80,828.50 円	5.39%
2,000,000 円	80,828.50 円	4.04%
3,000,000 円	80,828.50 円	2.69%
4,000,000 円	80,828.50 円	2.02%
5,000,000 円	80,828.50 円	1.62%
10,000,000 円	80,828.50 円	0.81%

出典：全国健康保険協会「東京都の標準報酬月額表」より筆者作成。ここでは、対象者が、介護保険第2号被保険者に該当すると仮定して算出した。

やかに解消されるべきである。その意味からも、標準報酬月額上限の撤廃は速やかに実施すべきである。

　また、長期的には、保険料は、企業の賃金支払総額に保険料を乗じて算定し、被用者の保険料は、報酬の高い者ほど高率、報酬の低い者ほど低率で、累進負担とすべきである。もちろん、保険料総額の半分は企業側負担であることは維持しなければならない。

4．健康保険から排除される被用者と無保険問題

　健康保険は、被用者が加入する医療保険であり、一般的には「**被用者であれば加入できる**」と理解されている。しかし、従業員が501人以上の企業等で働き（学生は除く）、週20時間以上、月額賃金8万8,000円以上（年収106万円以上）、勤務期間1年以上が見込まれている、との条件を全て満たす者だけしか、健康保険には加入できない（2017年4月からは、労使合意があれば500人以下の企業でも適用される）。

　つまり、これらの条件を満たせない者が、健康保険から排除され、国民健康保険加入、あるいは無保険となっている可能性がある。健康保険に加入できれば、保険料の半額は企業負担となるが、国民健康保険では企業負担がなく、保険料負担は重くなるのが実情である。

　国民健康保険における世帯主の職業分類を見ると、興味深いことが見えてくる。皆保険体制が整った1965年では、農林水産業や自営業で67.5％を占め、被用者は19.5％程度で、国民健康保険は自営業層が加入する医療保険であったことが理解できる。しかし、2016年時点では、自営業層は17.3％、被用者は34％となっており、健康保険から漏れた被用者が、国民健康保険に流れていることが窺える（図1）。

　ただ、被保険者で健康保険に加入していて、非正規に移行、あるいは無職になったものの中の一定層で、「無保険者」になる者もいると推

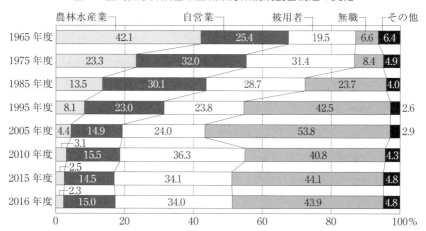

図1 国民健康保険世帯主職業分類構成割合構造の変化

注:2005年度と2010年度の間で、「無職」が減ったのは、2008年に後期高齢者医療制度が創設され、75歳以上の世帯主が国民健康保険から脱退したため。
出典:厚生労働省保健局『国民健康保険実態調査報告書』各年度版より筆者作成。

定される。社会保障・人口問題研究所が2012年に行った「生活と支え合いに関する調査」[6]によると、過去1年間において、必要だと思うのに医療機関にいけなかった経験がある者が、無作為抽出された対象者(20歳以上)の14.2%存在した。これを2012年10月の20歳以上の人口1億2,471万7千人[7]に当てはめて推計すると、約1,487万人に相当する。

また、医療機関に受診できなかった者の内、その理由を「**公的医療保険に加入しておらず、医療費の支払いができなかった**」からとしている者が、20〜64歳までの内の2.7%、65歳以上で2.9%、存在する。

2012年の20〜64歳までの、20歳以上の人口に占める割合は71%、65歳以上は29%であることから、20〜64歳で無保険を理由で病院に行けなかった者は、約28万5千人(1055万8千人×0.027=28万5千人)。65歳以上で無保険を理由に病院に行けなかった者は、約12万5千人(431万2千人×0.029=12万5千人)。筆者の推計では、**約41万人が、無保**

険状態で病院にかかれなかったことがわかる。しかし、この推計は、20歳未満は統計がないので、その数値は含まれないし、そもそも、無保険だが運よく病医院にかかる必要性を感じなかった者も含まれないことから、41万人よりも相当多い者が無保険であると推測される。

〈注〉
(1) 厚生労働省保健局（2014）「第4回国民健康保険制度の基盤強化に関する国との協議・参考資料」2014年8月8日。http://www.nga.gr.jp/ikkrweb Browse/material/files/group/3/260808sannkou.pdf　最終閲覧日2019年4月8日。
(2) 東京23区においては、2019年度で年間国民健康保険料限度額は96万円となっている。
(3) 「しんぶん赤旗」2018年11月2日付。
(4) 「しんぶん赤旗」2019年3月7日付。
(5) 「朝日新聞」2018年12月6日付。
(6) 国立社会保障・人口問題研究所（2012）「2012年生活と支え合いに関する調査」2013年7月24日公表。http://www.ipss.go.jp/ss-seikatsu/j/2012/seikatsu2012summary.pdf　最終閲覧日2019年4月20日。

　　本調査は、厚生労働省が実施する「2012年国民生活基礎調査」で全国（福島県を除く）を対象に設定された調査地区（1,102地区）内から無作為に選ばれた調査地区（300地区）内に居住する世帯主および20歳以上の個人を対象として2012年7月1日現在の世帯の状況（世帯票）および個人の状況（個人票）について調べたものである。調査方法は配票自計、密封回収方式によった。その結果、世帯票配布数（調査客体世帯数）1万6,096票に対して、回収数は1万1,450票、有効回収数は1万1,000票であった（回収率71.1％、有効回収率68.3％）。また、対象世帯の20歳以上の個人に配布した個人票2万6,260票に対して、回収票は2万3,733票であった。ただし、回収票のうち重要な情報が抜けている2,560票は無効票として集計対象から除外したため、有効票数は2万1,173票、有効回収率は80.6％となった。
(7) 総務省統計局「人口推計（平成24年10月1日）」https://www.stat.go.jp/data/jinsui/2012np/index.html　最終閲覧日2019年4月20日。

第 6 章

人権としての社会保障と能力の共同性

はじめに

　日本の社会保障の中心をなす社会保険、中でも、「誰でも、いつでも、どこでも利用できる医療保険」は、現在では生活の条件となっている。1962年以降の皆保険体制の下、日本の医療保険は大きく発展してきたが、国庫負担、患者の一部負担は、厚生労働白書から読み取れるように、時々の経済情勢、財政的制約から導き出されたものであり、決して人権思想が反映された結果とは言えなかった。

　社会保障が政策として確立したのは、1929年の世界大恐慌がきっかけであった。当時、資本主義国では、内部に大量の失業者を抱え、なおかつ外部においては社会主義国の優位性（一面性）が示され、結果的には、資本主義の順当な発展のためには社会主義国家にも劣らない生活保障制度の確立が求められたのである。このように成立した社会保障の原初形態を「支配としての社会保障」と呼ぶことができる。

　確かに、「支配としての社会保障」は、資本主義の順当な発展にあるとしても、具体的な制度として現れる「政策としての社会保障」は、それとはまったく同義で捉えられるものではない。いわば「政策としての社会保障」は、国民が基本的人権を基本に据えた生活問題の克服を目指す「人権としての社会保障」と、「支配としての社会保障」の間を、運動主体である「国民」と、政策主体である「国家」の力関係によって揺れ動く存在である。

　国家権力が国民の力に対して比較的大きければ、「政策としての社会保障」は、「支配としての社会保障」により近づき、社会保障制度は、基本的・基礎的部分のみをカバーし、それ越える部分については利潤の対象へとシフトされるであろう。また、国民の力・運動が大きければ、「政策としての社会保障」は、「人権としての社会保障」に近づく

第6章　人権としての社会保障と能力の共同性

ことになる。

　今、国民に求められているのは、基本的人権を基軸にした社会保障の構築である。実は、その基礎にあるのが、人間の尊厳であり人権思想である。本章では、その点を詳述する。

1．社会保障を考える基本的視点としての尊厳と人権

1）人権の基底にある「人間の尊厳」を考える

　人間の生活において、尊厳が踏みにじられることがしばしばある。例えば、戦争、暴力、性差別、虐待、奴隷的労働、搾取、などである。人間以外の動物は、食物連鎖は別にして、少なくともこのようなことは行わない。尊厳を踏みにじる側は、常に公権力や支配者である。尊厳を踏みにじられる歴史の中から、人は自らを護る人権思想を育んできた。また、人権思想が、国民的運動の支柱であり、それが、生活の中で常に起こる生活課題・問題を緩和・解決するための制度としての社会保障を創造したと言える。つまり、人権から社会保障を考える際、「人間の尊厳」を理解することが必要となる。

　現生人類の直接の祖先である「新人類」が誕生したのは、約20万年前と言われている。地球の誕生が約46億年前であるから、地球の歴史を1年に短縮したとすると、大晦日12月31日の23時37分に人類は誕生したことになる。地球の歴史から比べれば、人類の歴史はちっぽけなものである。

　人間はこの短い期間に劇的な進化を遂げた。自然に存在する大部分の物を加工し、人間にとって有用な物に変化させることができる地球で唯一の生物となった。しかし、人間の歴史は、争いの歴史でもあった。貧富の差がなかった古代共産制社会から、農耕を身につけたこと

159

で、多くの富を所有する者と、その者に支配される貧しき者が生まれ古代奴隷制社会が誕生し、人間が人間を虐げ殺し支配し始めたのである。

また、その頃から、人間は武器開発に熱心になった。当初は、少人数を殺傷する弓矢や槍であったが、今では大量破壊兵器（核兵器、化学兵器、生物兵器など）を競って開発している。

高度な智慧を持つ人間が約76億人もいる地球で、現在その約3割強の約23億人が紛争地域で暮らしている。

智慧を持つ人間が、なぜこうも愚かなことをするのであろうか。もしかしたら、「人間の尊厳」は、抽象的で曖昧であるが故に、為政者にとって都合良く解釈されるのではなかろうか。

2）尊厳とは何か

尊厳とは、広辞苑では「とうとくおごそかで、おかしがたいこと」、大辞泉では「とうとくおごそかなこと。気高く犯しがたいこと。また、そのさま」と説明されている。英語では、一般的には'dignity'（威厳、気品）、あるいは'sanctity'（神聖）の語が使用されている。

dignityの語源は、ラテン語の'dignitas'であり、その意味は、古代ローマの重要な地位にあった者に対する尊敬と名誉を表し、長く使用されてきた概念である。

1789年のフランス人権宣言（Declaration des Droits de l'Homme et du Citoyen）は、第6条で尊厳〈dignity〉に言及した。「全ての市民は、法律の前に平等であり、あらゆる尊厳（a toutes dignites）、つまり、徳行と才能以外の差別なく、その能力に従って、あらゆる地位・公職につく資格がある」とし、「地位・公職につく資格」として用いられ、権威や威厳の意味で用いられたことが理解できる。ちなみに、ここで言う市民（citoyen）は、一定の税金を支払った男性のみを表して

いることからも、人に値する者は極めて限定されていた。

　人間の尊厳が、1948年の世界人権宣言（Universal Declaration of Human Rights）の第1条において、「すべての人間は、生まれながらにして自由であり、かつ、尊厳と権利とについて平等である」と規定されたことで、特定の「市民」から「人間一般」の尊厳へと昇華し、今日的な意味（基本的人権との関係性）で使用されることとなった。ただ、この昇華の流れは、一方的な天賦のものではない。18世紀半ばから19世紀にかけて起こった産業革命と密接な関係をもっている。

　14世紀以降の封建制社会の衰退と崩壊によって、多くの人々（農奴等）が、それ以前の階級社会では存在しなかった「自由」を獲得し自らの困難性を訴えることができるようになったが、19世紀後半になるまではその力は大きなものにはならなかった。産業革命を経たことで、労働過程が、道具を使用した小規模な「家内制手工業」、その過程が工場内で行われる「工場制手工業」から、機械を導入し多くの労働者が同一の工場で労働する「工場制大工業」に転化し、工場で働く多くの労働者は、共同して働くことで自らのおかれている労働条件や生活条件を共有し、その窮状を訴える「共同の力」を獲得した。

　つまり、産業革命を通して人間は、個人の苦難に対して個人的に怒り・憤るのではなく、他人の窮状を我が事と考え、共にその状態を改善するために運動する力を獲得したのであり、人間（一般）の尊厳は、天賦ではなく運動により勝ち取ったものであると言える。

　その後、世界人権宣言の思想は、国連の様々な権利条約や多くの国の憲法に影響を与えた[1]ことは、疑う余地もない。

　しかし、この地球には多種多様な生命が存在するにも関わらず、なぜ「人間」のみの「尊厳」が問われるのであろうか。もちろん、動物の尊厳にも触れることがあるが、それは人間から見た「対象としての動物」の尊厳であり、動物そのものが主体的に尊厳を語ることはあり得ない。

キリスト教では、その答えを「神の似姿」として説明している。旧約聖書創世記では、「神は言われた、『われわれのかたちに、われわれにかたどって人を造り、これに海の魚と、空の鳥と、家畜と、地のすべての獣と、地のすべての這うものとを治めさせよう』」[2]と語られ、人間は神の姿に似ていることから、他の生き物とは違う sanctity ＝ 神聖・尊厳を持ち合わせているのだとしている。
　しかし、必ずしもキリスト教を信仰している者の多くない日本では、にわかに納得できる説明とはいえない。人間が他の生物（特に動物）とは違う何があるのだろうか。

3）思考能力と優生学

　フランスの哲学者ブレーズ・パスカル（Blaise Pascal）の、「人間はひとくきの葦にすぎない。自然の中でも最も弱いものである。だが、それは考える葦である」[3]は、あまりに有名な言葉であり、真理を言い当てている。また、「人間の尊厳のすべては、考えることのなかにある」、「考えが人間の偉大さをつくる」[4]とも述べている。
　つまり、人間は「思考能力」を持っていることが、他の動物とは決定的に違うことが、その尊厳の根拠とされる。しかし、近年の研究では、類人猿の一部（ボノボやチンパンジー）も、簡単な言葉を理解し、道具を使い、一定のコミュニケーションができることが分かってきた[5]。
　人間と類人猿との差異化には、「複雑な」思考能力との修飾語を必要とするであろう。であれば、さらにいくつかの疑問も浮かぶ。複雑な思考能力を持ち合わせない場合は、「尊厳は無いのか」。
　人は時にして、重い障害を持って生まれ、また、出生後の人生のある時期にさまざまな傷病により、自らの意思では行動ができなくなる場合もある。この状態は、人間特有の複雑な思考能力を発揮できないように見受けられるが、では、人間としての尊厳は否定されるのであ

ろうか。

　この点は、19世紀末以降の「優生学」の歴史ともかかわる。優生学の祖とも言われるフランシス・ゴルトン（Francis Galton）は、1883年に発表した著書『人間の能力とその発達の研究』[6]において優生学（eugenics）との言葉を世界で初めて使用した。

　その後、ゴルトンは、ロンドンで開催された第一回イギリス社会学会（1904年）において「優生学―その定義、展望、目的」との講演を行い、「優生学とは、ある人種（race）の生得的質の改良に影響するすべてのもの、およびこれによってその質を最高位にまで発展させることを扱う学問である」[7]と定義した。1859年にダーウィンの『種の起源』が出版され、生物学としての進化論が、多くの科学者が認めることとなったが、進化論の隆盛が優生学の浸透に寄与したことは言うまでもない。

　1870年代以降第一次大戦まで、進化論は、人間やその社会の発展段階にも応用しようとの動きが見られた。いわゆる社会ダーウィニズムである。このような社会情勢の中で、進化論と遺伝の原理を、人間に応用しようとする「優生学」は、多くの人々に受け入れられることとなった。

　1902年、アメリカのインディアナ州において、犯罪者や精神障害者が急増していることを理由に、刑務所に収監されていた42人に断種が実施されたのが、優生学における断種の最初の事例とされている。その後、同州では1907年に世界で初の断種法が可決・成立し、1909年〜1923年までにアメリカ32州で断種法が制定された。

　その中でも、ナチスドイツの断種法に大きな影響を与えたと言われる「カリフォルニア断種法」は、極めて特異な位置付けがあった。多くの州が、刑務所収監者や精神障害者に断種を行うことを目的としていたが、同州では、それに加えて梅毒患者、性犯罪累犯者などにも断種対象者を拡大した。また、1933年までの断種件数のうちその半数が

カリフォルニア州であったことも分かっているし、この実績がドイツに伝えられ、1933 年のドイツ断種法の成立へとつながったと言われている[8]。

　ナチスドイツでは、1938 年までは、断種はあくまでも遺伝に由来する疾患患者に限定していたが、1939 年、「T4 作戦」[9]が開始され、断種が劣等民族等虐殺へと優生思想がエスカレートしていった。虐殺の対象となったのは、ユダヤ人、ロマ人、スラヴ人等の異民族、精神病患者、労働しない者、浮浪者、身体障害者、知的障害者、同性愛者等で、900〜1,100 万人が虐殺されたと言われている。

　これらは、人間の尊厳を踏みにじる許しがたい蛮行である。しかし、優生思想は戦後にも脈々と受け継がれて行った。日本の旧優生保護法、スウェーデンやノルウェー等の高度な福祉国家における優生政策である。

2．人間の尊厳の要素としての人格

　カント（Immanuel Kant）は、「人間はたしかにいささかも聖なる存在ではないが、その**人格における人間性**は、彼にとって聖なるものでなければならない。すべての被造物のうち、人間がそれを望み、そしてそれを意のままにすることができるすべてのものは、たんに手段として使用することができる。ただし人間だけは、そして人間とともにあらゆる理性的な存在者は、目的そのものである。すなわち人間は、その**自由の自律**によって、聖なる道徳法則の主体なのである」[10]と、人間は「手段」ではなく「目的」であるとした。

　人間以外の生物やあらゆる物（カントは「被造物」と表現）は、人間が「手段として使用」できるが、人間だけは手段としては使用できないし、まさに「目的そのもの」であるとし、人間たる要素は「人格」である

第 6 章　人権としての社会保障と能力の共同性

としている。

　人格とは、大辞泉によれば「独立した個人としてのその人の人間性。その人固有の、人間としてのありかた」だとあるが、であるとするならば、人間たる固有性は「人格」にあり、人間は、存在そのものが「尊厳」と理解できる。

　しかし、人間の尊厳概念そのものに関して、市井で話題にされることはほとんどない。それどころか、「人間の尊厳」を所与のものとして、それに基礎づけられた基本的人権や諸権利を語ることが通常である。つまり、「人間の尊厳」ほど、その概念が曖昧模糊としており、時代とともに変化してきたものはない、といえる。

　カントは、人間の尊厳の侵害の典型的な事例として、奴隷化や人身売買[11]との他者による「自由の剥奪」との概念に止まっている。また、カントのその概念の対象は、「自律」との言葉を使用していることから、出生後から死亡する前までの「生きている人間」を対象としていたと理解できる。

　ただ、現在では、「人間の尊厳」が、死体・死者のような自己意識が消滅した後の段階、臓器移植、胚（受精卵）のような人間を構成する部位であり、人間の出生以前の段階で重要な位置付けを持ってきていることからも、本概念が時代とともに変化する、いわば固定的概念ではなく「変容可能な柔軟な概念」であるといえる。

1）死者との語らいと人間の尊厳との関係性

　筆者の娘は、末期の「髄芽細胞腫（悪性脳腫瘍）」のため、22 歳の若さでこの世を去った。3 歳時にこの病に罹患し、最初の外科手術では病巣のあった小脳の 3 分の 1（左側）を切除し、その後、放射線療法（当時は全脳照射で、5 歳までに 3,000 ラド〈現在の単位では 30 グレイ〉）、抗がん剤（オンコビン）投与を行った。当時は、小児であっても積極的

165

治療を行うのが一般的で、予後のQOLよりも「病気を治す」ことに主眼がおかれていた。結局、彼女は、その後も幾度となく腫瘍が播種（種を蒔くように転移を繰り返す）し、その都度外科手術によって腫瘍を切除し化学療法を実施した。結局、亡くなるまでに脳と脊髄に9度のメスが入れられた。

当然、繰り返される治療によってQOLは低下し、存命中は右半身麻痺と知的障害を伴うこととなった。結局、幼児期から学童期にかけて、いじめや差別にあったが、反面、多くの理解ある友人に恵まれ、総じて幸せな人生を送った。

18歳からはMRI検査においても異常は見られなかったが、2006年6月22歳の誕生日を迎えたころ、激しい頭痛と両下肢の麻痺が彼女を襲った。緊急入院し検査の結果、既に、腫瘍が脊髄全体に広がり治療は不可能で、余命は長くみて半年と告げられた。その後は、近くの総合病院で疼痛コントロールを行うために、常時病室で塩酸モルヒネが投与されることとなった。

2006年10月31日、22歳の人生の幕を閉じた彼女は、人間から「遺体」へと変化した。彼女は、未だほの温かいにもかかわらず、遺族には看護師から「葬儀社リスト一覧」が渡され、連絡を取った葬儀社社員2人が、早々に病室に現れ、彼女を丁寧に清拭し、ストレッチャーに乗せ、「病院の裏口」から運び出してくれた。彼女は、入院時には「病院の玄関」を潜ったが、患者から死体に変わった時点で、人間ではなく「もの」として扱われたのである。しかし、本当にそうであったのか。

筆者の故郷は、家の周りを田圃が埋め尽くす片田舎で、彼女の葬儀も盛大に行われ、彼女に相応しい墓も新調した。四十九日まで毎夜読経を欠かさず、毎週逮夜(12)を催した。また、毎年、法事を行っている。

筆者は、「人間は、死しても尊厳を維持している」と感じる。死した人間を、弔い、悼み、永きにわたって祀る行為は、人間だけしか行わ

ない。今も、毎日娘の遺影を拝み語りかける。

　葬送・法要は、単なる儀礼ではなく、死した人への語りを通して、その人（死者）の人格を確認する行為ではないのか。人格は、死して消滅するのではなく、死者を取り巻く縁故者によって語りを通して維持される。ただし、厳密に言えば遺体そのものではなく、記憶や思い出としての死者の尊厳と言えるのかもしれない。また、尊厳の主体は、死した人というよりも、その縁故者だといえる。

2）臓器、胚（受精卵）の尊厳と生命倫理

　2017年のノーベル文学賞受賞者カズオ・イシグロの『わたしを離さないで』[13]は、臓器提供者としてのクローンである主人公キャッシーの出生の秘密と、彼らを介護人として世話をしている女性の抑制された語りで描かれている秀作である。2010年にはイギリスで映画化され、日本でも2017年テレビドラマ化された。

　同書は、臓器移植、胚（受精卵）、クローン問題を浮き彫りにした。これらの問題は、個人の出生後ではなく、それ以前の人間を構成する一部、あるいはその人間の根源に関わることから、出生後の人間の尊厳と同一に論ずるのは難しい。

　つまり人格を持った人間が主体者として尊厳を論ずることは、理解しやすいが、出生前や誰かの体の一部として人間を構成する要素の場合は、人間の尊厳というよりも、「人間の生命の尊厳」と表現した方がしっくりくるのかもしれない。あるいは、人間個人の尊厳というよりも、「人間の類（種）としての尊厳」とも換言できる。

　これらの問題を論じようとすれば、人間の疾病や生命の回復に果敢に取り組んできたここ数世紀の科学技術、医療技術、生殖医療の飛躍的進歩により、人類が生命の神秘と根源により近づいてきたことで、長らく不可能だと思われていたいくつかの問題が科学的には実現可能

となったことを直視しなければならない。しかし、科学的・医療技術的に生命の根源を操作することができることと、その倫理性とのジレンマに人間は悩むこととなった。

人間・類の尊厳を基に、生命倫理から出生以前の問題を語らなければ、進歩したあるいはこれからも飛躍的に進む科学技術の下では、おそらく一部の人間は暴走するであろう。

出生後の人間であれば、人格ある人間として目的であり主体として「人間の尊厳」を問うことは可能である。しかし、臓器、胚は人格を問うことができるのであろうか。

西野基継は、「『人間』または『人間の生命』に包含される範囲を、特別の性質・能力に依らしめることなく、できるだけ広く画定するとき、最も初期段階の人間の生命もその中に組み入れられる」[14]との説を紹介している。しかし、西野は、こうも述べている。「もしも出世前の生命に尊厳を認めるならば、現行法での医学的適応、胎児疾患的・犯罪的・社会的適応の場合に、胎児の生命の剥奪が法的に許されていることは、人間の尊厳の不可侵性と矛盾する」[15]。

つまり、例えば日本の「母体保護法」は人工妊娠中絶を認めていることから、誕生前の生命は「人間の尊厳」と同等に語れるのかを提起したのである。

母体保護法の14条は、「次の各号の一に該当する者に対して、本人及び配偶者の同意を得て、人工妊娠中絶を行うことができる」として、「一　妊娠の継続又は分娩が身体的又は経済的理由により母体の健康を著しく害するおそれのあるもの。二　暴行若しくは脅迫によって又は抵抗若しくは拒絶することができない間に姦淫されて妊娠したもの。2　前項の同意は、配偶者が知れないとき若しくはその意思を表示することができないとき又は妊娠後に配偶者がなくなったときには本人の同意だけで足りる」としていることから、「尊厳の主体」は出生前の「胚あるいは胎児」ではなく、その母胎である母親や配偶者を意味してい

ると理解すべきでる。

　しかし、これでは「胚あるいは胎児」の尊厳は、人格を持った親の尊厳の付随としての尊厳（あるいは、副次的尊厳）しか存在しないようにもみえる。また、臓器にも同様のことがいえる。つまり、その臓器を持つ個体としての人間の尊厳から、人間に付随する「臓器の尊厳」に矮小化されてしまうのではないのか。

　今日の科学や医療技術の進歩した社会において、人間の尊厳を「主体としての個別の人間（個別の肉体が存在する人間、人格のある人間）の尊厳」だけで理解することは不可能である。特に、臓器、胚、クローン問題を射程に入れる場合は、直接的には「個別の人間」とは言い難く、逆にこれらに尊厳を認めなければ、一部の悪質な科学者や医学者によって、遺伝子操作がいとも容易く行われ、倫理に反して移植やクローン技術が無制限に繰り返される可能性がある。

　つまり、今日的には「人間の尊厳」に、「個別の人間の尊厳」と、「類（種）としての人間の尊厳」が含まれていると理解すべきである。

　人間の尊厳を理解することによって、人権思想が生まれ、社会保障を育むことになる。

3．日本国憲法に見る社会保障と人権

　人権には、「固有性」、「不可侵性」、「普遍性」との重要な観念が存在する（日本国憲法11条、97条）。

　人権の固有性とは、人間であることにより当然備わっているとされる観念であり、人権は恩恵的・慈恵的に与えられたものではない、とする考え方である。

　人権の不可侵性とは、人権は、原則として公権力により侵されないということである。歴史的に見て、公権力が多くの場面で人権を侵害

してきたことから、立憲主義の観点に立ち、公権力の規制を求めなければならないし、人権は国家・公権力に対して請求するという点も重要である。

人権の普遍性とは、人種、性別、身分に関係なく、すべての人間は平等に人権を持っているということである。

日本国憲法は、このような人権観念を基本とした叡智の結晶であり、社会保障存在の根拠を示していると言える。

(1) 憲法25条の「生存権、生活権、健康権、文化権」

第2次世界大戦後、わが国は憲法25条をよりどころに社会保障制度の充実を図ってきた。ただ残念なことに、日本国憲法はアメリカ・GHQから押しつけられたものとの「通念」が一般化している。

憲法25条1項の「すべて国民は、健康で文化的な最低限度の生活を営む権利を有する」との文言は、GHQ草案には存在しない[16]。この条項が憲法の中に取り入れられたのは、衆議院での審議過程で野党が、日本人による様々な憲法私案を参考に修正提案したことで実現したのであった。当時、憲法研究会が憲法草案要綱を公表（1945年12月26日）しているが、その案には「国民ハ健康ニシテ文化的水準ノ生活ヲ営ム権利ヲ有ス」と憲法25条の条文とほぼ同一の条項が示されていた[17]。

GHQ民政局の人権小委員会では、基本的人権に関し積極的に国の責任を規定しようとしていた。人権小委員会議事録では、ロウスト中佐が、「社会保障を憲法に入れることは、最近のヨーロッパ諸国の憲法では、広く認められている。日本では、このような規定を入れることは特に必要だと思う。というのは、日本では、これまで国民の福祉に国家が責任を負うという観念はなかった。この観念を一般に受け入れるようにするには、憲法に謳っておく必要がある」と語っていることから、GHQと日本国民の思いが一致していたことが窺われる。

第 6 章　人権としての社会保障と能力の共同性

　また、25 条を素直に理解すれば、すべての国民に生存権だけではなく、十分に健康で文化的な生活を保障しており、健康権、文化権をも重層的に保障していると理解すべきである。さらに、25 条 2 項は、「国は、すべての生活部面について、社会福祉、社会保障及び公衆衛生の向上及び増進に努めなければならない」としており、国・自治体（市町村・都道府県等の自治体を含む）は、社会保障における「向上・増進義務」があると解されている。

(2) 憲法 14 条の「法の下の平等」

　14 条 1 項は、「すべて国民は、法の下に平等」であるとしているが、一義的には形式的平等としての「機会の平等」を意味するし、それにより社会的に強い者と弱い者が生み出されることがある。しかしこの定義は、弱い立場にある人を公的に助けることで、実質的に平等を図る「結果の平等」も意味している。また、本条は、社会保障の権利を論ずる上でも重要な原則だと言える。

(3) 憲法 13 条の「個人の尊重、生命・自由・幸福追求の権利の尊重」

　13 条は、「すべて国民は、個人として尊重される。生命、自由及び幸福追求に対する国民の権利については、公共の福祉に反しない限り、立法その他の国政の上で、最大の尊重を必要とする」と規定され、個人主義、生命・自由・幸福追求権が、すべての人権の総則的基本原理であり、同時に「新しい人権」の根拠ともされている。

　本条文を、「人間の尊厳」から根拠付ける考え方に立てば、社会保障の権利を直接具現化するとはいえないが、生存権を間接的に枠付ける形で、社会保障の権利を規定している[18]とされる。

(4) 憲法 29 条の「財産権」

　29 条 1 項は、財産権を規定し、2 項では財産権の内容は「公共の福

祉」により制約を受け、3項では「正当な補償」の元に公共のために用いることができるとしている。

　社会保障との関連では、社会保障受給権が財産権に当たるのかとの問題が存在するが、公法上の権利である社会保障の受給権も、本条の対象となると理解されている[19]。

　したがって、社会保障の受給権が、本条2項の「公共の福祉」により制約される場合、具体的には社会保障給付内容の削減等が立法において規定された場合であっても、削減内容や程度が、公益等を総合的に勘案し、本条に違反するのかどうか判断が司法に委ねられるとされている。

4．能力の共同性から社会保険料応能負担の根拠を考える

　高所得者は、「一生懸命努力して（働いて）稼いだにも関わらず、多額の所得税（や法人税）や社会保険料が徴収されるのはおかしい」と考えがちである。つまり、努力の結果として、より多くの「分配」を獲得したのであって、分配額が多いからと、税や社会保険料が、努力しなかった者より余計に取られることを非難する論法である。

　しかし、「努力」の概念は抽象的であり、結果としての成果の大きさが、努力の度合いを表すと理解する場合が多い。つまり、多額の金銭を獲得できたことをもってして「多大なる努力をした（らしい）」と評価するが、それは、本当に努力の結果なのであろうか。

　努力は、その人の持てる「能力」を十分に発揮できて、初めて評価されるものである。では、「能力」は、努力のみにより獲得できるものなのであろうか。

　人の存在は、孤立的なものではなく、他者との相互承認・相互依存関係によって成り立っており、能力を高め発揮できるか否かは、その

人を取り巻く人間関係の豊富さや経済的支援の投入量の多寡によって決まる。つまり、人間は人との関わりの中で協力・共同しながら、能力が開花していくのではなかろうか。

　一部の高所得者の主張するように、個人の努力によってのみ稼げたというのは誤りで、たとえば有名国公立私大に入学できた者も、世帯の所得がそもそも高く小さい時から塾に通え、あるいは家庭教師が付いていたのかもしれない。つまり、その人個人の努力のように見えながら、実はその人だけの努力ではなく、周りからの人的、経済的、物理的支援があったことによって、その人は能力を十分に開花・発揮できたのである。要は、個人の努力によって稼げたという人は、実のところ周りの人からの支援（協力・共同）があったことを捨象している。

　能力が発揮できたことが、協力・共同の結果として理解できるのであれば、分配された所得を私的所有することに固執するのではなく、協力・共同への見返りとして再分配に貢献することが求められる。再分配への貢献は、累進的な所得税・社会保険料を通して行われるべきである。

　また、このロジックは、個人を企業に置き換えても同じことが言える。ある大手自動車メーカーは東日本大震災以降も新規売り上げ台数１位を死守した。2018 年 12 月の新車登録台数１位[20]は、当然 T 自動車である。同社は大震災後の混乱期にも大きな利益を計上しているし内部留保も積み増ししている[21]。しかし、同社は一企業として努力をしたから膨大な利益を上げたのであろうか。同社に勤務する社員は、そう思っている人も多いであろう。しかし、よく考えていただきたいのは、A 県にある同社の本社で車の組立をすると仮定した場合、全国の下請会社から部品を調達するために鉄道網、道路網が必要となる。その鉄道や道路を同社自身が造設したのであろうか。

　これは、公共事業の中で整備されたのは周知の事実であろう。公共事業で敷設されたにもかかわらず国民からも通行料金を取っているが、

企業には格安の料金体系が存在する。また、完成した車は港から諸外国に輸出されるが、港を同社が造ったのであろうか。港湾は、やはり国民の税によって造られている。

　そう考えると、T社は自らの能力と努力によってのみ儲けられたのだから、法人税を安くしろ、消費税率を上げれば良いではないかというのは理屈に合わない。同社が大きな利益を上げることができたのは、まさに能力の共同性、つまり多くの国民が協力・共同したことで同社が十分に能力を発揮できたのである。企業は当然、資本主義社会であるから儲ければ良いのであるが、儲けた分を協力・共同に報いるために高率の法人税や、応分の社会保険料を納め国民に還元していくことが、筋ではなかろうか。

〈注〉
(1) 世界人権宣言の思想は、以下の条約や規約として具体化された。人種差別撤廃条約1965年、自由権規約1966年、社会権規約1966年、女性差別撤廃条約1979年、拷問等禁止条約1984年、子どもの権利条約1989年、移住労働者権利条約1990年、障害者の権利条約2006年、強制失踪者保護条約2006年。
(2) 日本聖書協会（1955）『聖書［口語］』『旧約聖書』創世記、第1章第26節。
(3) パスカル、前田陽一訳（2018）『パンセ』中央公論新社、pp250・251。
(4) パスカル、前田陽一訳（2018）p251。
(5) 平田聡（2013）『仲間とかかわる心の進化〜チンパンジーの社会的知性〜』岩波書店。
(6) Galton F（1833）*Inquiries into Human Faculty and its Development*, London, Macmillan and co.
(7) 立岩真也（1997）『私的所有論』勁草書房、pp255・256。
(8) 米本昌平（2000）『優生学と人間社会』講談社、p36。
(9) T4作戦管理局が、ベルリン市のティーアガルテン通り4番地〈Tiergartenstraße 4〉にあったことから命名された。
(10) カント、中山元訳（2013）『実践理性批判2』光文社、p56。

第 6 章　人権としての社会保障と能力の共同性

(11)　カント、中山元訳（2012）『道徳形而上学の基礎づけ』光文社。
(12)　逮夜は、「大夜」ともいう。死者を悼むための法要。北陸地方では、亡くなってから 49 日まで、毎週 1 回、計 7 回行われる。ただし、宗派によっては異なる法要を催する。
(13)　イシグロ・カズオ（2008）『わたしを離さないで』早川書房。
(14)　西野基継（2016）『人間の尊厳と人間の生命』成文堂、p196。
(15)　西野基継（2016）成文堂、p196。
(16)　GHQ 草案では、「24 条」に相当する。
(17)　高柳賢三他（1972）『日本国憲法制定の過程Ⅰ』有斐閣、pp482-485。
(18)　菊池馨実（2014）『社会保障法』有斐閣、p63。
(19)　伊藤周平（2017）『社会保障のしくみと法』p36、自治体研究社。
(20)　2018 年 12 月の新車登録台数トヨタ自動車 1 位、シェア率 42.8％。日本自動車販売協会連合会発表。
(21)　「朝日新聞」2018 年 9 月 3 日付、「長州新聞」2017 年 9 月 14 日付。財務省が、2018 年 9 月 3 日、2017 年度の法人企業統計を発表したが、内部留保（企業が得た利益から株主への配当などを差し引いた利益剰余金の総額）が、前年度より 40 兆 2496 億円増えて 446 兆 4844 億円となり、6 年連続して最高額を更新した。トヨタ自動車は、内部留保額 1 位で、2015 年度 16.8 兆円、2017 年度 17.6 兆円。

エピローグ

　33歳で研究者になって、約30年が経過した。思えば、人生の半分を研究者として過ごしてきたが、自らの研究がどれほど社会に役立ったのか、自問自答が未だに続いている。

　私が研究者を目指したきっかけは、ふるさと福井の原発問題であった。中学生の頃、次から次へと、辺鄙な海辺に原子力発電所が建設され、いつの間にか世界で最も原発が密集する街となり、「原発銀座」と揶揄されるようになった。

　初めて社会人となり所得を得た職業は、故郷の地方公務員であった。5年間、公務員として生活したが、その中で、中学生の頃から感じていた原発問題への関心が、顔をもたげてきた。思い切って公務員を辞し、大学院に入学したのが27歳であった。30代の前半までは、原発関係の研究を中心に行ってきたが、今は社会保障を専門としている。

　当時の私を知る人は、「何故、社会保障の研究をしているの」と訝しがる。もちろん、社会保障を研究の対象にしたのには理由がある。私の娘が22歳で亡くなるまで、悪性脳腫瘍を患い人生のほとんどを治療・療養に費やしたことが、私を医療問題や社会保障への研究に駆り立てたのであった。

　私は、娘が亡くなる前も、亡くなってからも、ずっと娘に語りかけている。「疾病で苦しむ人がたくさんいる。必要な時、いつでも、どこでも、無償で医療が受けられる社会が実現できたら良いね」と。そのために、私は、この研究を続けているのだと思う。笑顔に満ちた娘の遺影は、常に私に勇気を与えてくれる。また今日も、娘の口癖であった「ボチボチね」が聞こえてくる。そう、私は、「ボチボチだね」と娘

の笑顔に呟く。

　さて、出版事情が厳しい折、自治体研究社が拙著の出版を快く承諾してくれた。また、編集段階からいつも優しく、時には厳しくご意見を言ってくださった越野誠一さんには、この場を借りて感謝する。「本当にありがとうございました」。

　拙著が、医療運動、社会保障運動、更に社会保障研究の一助となることを祈念して筆を置く。

2019年5月1日

　　本書を22歳で亡くなった娘「美帆」に捧げる

芝田英昭

〈著者〉

芝田　英昭（しばた　ひであき）立教大学コミュニティ福祉学部教授

1958 年福井県敦賀市生まれ。
金沢大学大学院博士後期課程単位取得退学。博士（社会学：立命館大学）。福井県職員、西日本短大専任講師、大阪千代田短大専任講師、立命館大学産業社会学部教授を経て 2009 年より現職。

〈編著書等〉

『新版　基礎から学ぶ社会保障』（共編、2019）自治体研究社
『高齢期社会保障改革を読み解く』（共著、2017）自治体研究社
『増補改訂　基礎から学ぶ社会保障』（編著、2016）自治体研究社
『日本国憲法の大義』（共著、2015）農文協
『介護保険白書――施行 15 年の検証と 2025 年問題への展望』（共著、2015）本の泉社
『安倍政権の医療・介護戦略を問う』（編著、2014）あけび書房
『3.11 を刻む』（共著、2013）文理閣
『基礎から学ぶ社会保障』（編著、2013）自治体研究社
『国民を切り捨てる「社会保障と税の一体改革」の本音』（2012）自治体研究社
『国保はどこへ向かうのか』（編著、2011）新日本出版社　など。

医療保険「一部負担」の根拠を追う
―厚生労働白書では何が語られたのか―

2019 年 6 月 25 日　初版第 1 刷発行

　　　　　　　　　著　者　芝田英昭

　　　　　　　　　発行者　長平　弘

　　　　　　　　　発行所　㈱自治体研究社
　　　　　　　　　　　　〒162-8512 新宿区矢来町 123　矢来ビル 4 F
　　　　　　　　　　　　TEL：03・3235・5941／FAX：03・3235・5933
　　　　　　　　　　　　http://www.jichiken.jp/
　　　　　　　　　　　　E-Mail：info@jichiken.jp

ISBN978-4-88037-696-7 C0036　　　　　印刷・製本／モリモト印刷株式会社
　　　　　　　　　　　　　　　　　　　DTP／赤塚　修

自治体研究社

[新版] 基礎から学ぶ社会保障
芝田英昭・鶴田禎人・村田隆史編　定価（本体2500円＋税）
医療保険、年金保険、介護保険、労働（雇用・労災）保険、障害者福祉生活保護など、社会保障の基礎を解説し、併せて諸外国の現状を紹介。

高齢期社会保障改革を読み解く
社会保障政策研究会・芝田英昭編著　定価（本体1600円＋税）
医療・介護・年金・生活保護の現状を分析して、市場化、産業化に向かう社会保障政策の欠陥を明らかにする。市民目線による改革案を提示。

生活保護法成立過程の研究
村田隆史著　定価（本体2700円＋税）
1945～1950年の生活保護法の成立過程を社会保障の観点から分析した歴史研究。「人権としての社会保障」のあり方を生活保護法から問う。

社会保障のしくみと法
伊藤周平著　定価（本体2700円＋税）
判例を踏まえて、生活保護、年金、医療保険、社会福祉、労働保険の法制度を概観して、社会保障全般にわたる課題と関連する法理論を展望。

社会保障改革のゆくえを読む
——生活保護、保育、医療・介護、年金、障害者福祉
伊藤周平著　定価（本体2200円＋税）
私たちの暮らしはどうなるのか。なし崩し的に削減される社会保障の現状をつぶさに捉えて、暮らしに直結した課題に応える。[現代自治選書]

Dr.本田の社会保障切り捨て日本への処方せん
本田宏著　定価（本体1100円＋税）
日本の医療、社会保障はどうなってしまったのか。外科医として医療の最前線に立ち続けてきた著書が、医療・社会保障のあるべき姿を追究。